Mentale Coaching-Tools für das Personaltraining

SPRINGER NATURE springernature.com

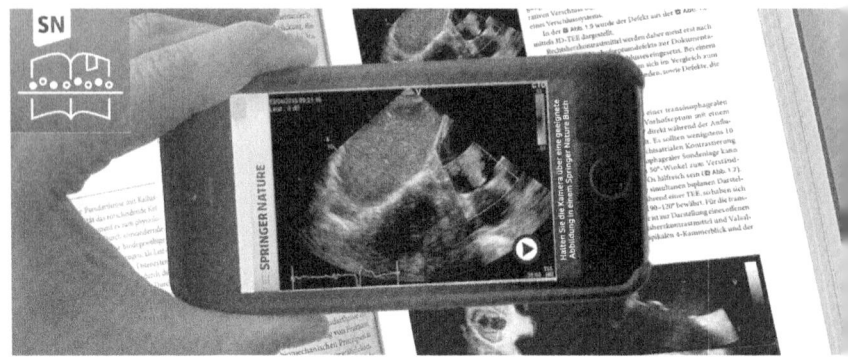

Springer Nature More Media App

Videos und mehr mit einem „Klick" kostenlos aufs Smartphone und Tablet

Kostenlos downloaden

- Dieses Buch enthält zusätzliches Onlinematerial, auf welches Sie mit der Springer Nature More Media App zugreifen können.*
- Achten Sie dafür im Buch auf Abbildungen, die mit dem Play Button ⊙ markiert sind.
- Springer Nature More Media App aus einem der App Stores (Apple oder Google) laden und öffnen.
- Mit dem Smartphone die Abbildungen mit dem Play Button ⊙ scannen und los gehts.

*Bei den über die App angebotenen Zusatzmaterialien handelt es sich um digitales Anschauungsmaterial und sonstige Informationen, die die Inhalte dieses Buches ergänzen. Zum Zeitpunkt der Veröffentlichung des Buches waren sämtliche Zusatzmaterialien über die App abrufbar. Da die Zusatzmaterialien jedoch nicht ausschließlich über verlagseigene Server bereitgestellt werden, sondern zum Teil auch Verweise auf von Dritten bereitgestellte Inhalte aufgenommen wurden, kann nicht ausgeschlossen werden, dass einzelne Zusatzmaterialien zu einem späteren Zeitpunkt nicht mehr oder nicht mehr in der ursprünglichen Form abrufbar sind.

Martin Sutoris

Mentale Coaching-Tools für das Personaltraining

mit Audiodateien für Trainer und Klienten

Martin Sutoris
Köln, Nordrhein-Westfalen
Deutschland

Die Online-Version des Buches enthält digitales Zusatzmaterial, das berechtigten Nutzern durch Anklicken der mit einem „Playbutton" versehenen Abbildungen zur Verfügung steht. Alternativ kann dieses Zusatzmaterial von Lesern des gedruckten Buches mittels der kostenlosen Springer Nature „More Media" App angesehen werden. Die App ist in den relevanten App-Stores erhältlich und ermöglicht es, das entsprechend gekennzeichnete Zusatzmaterial mit einem mobilen Endgerät zu öffnen.

ISBN 978-3-662-61677-2   ISBN 978-3-662-61678-9 (eBook)
https://doi.org/10.1007/978-3-662-61678-9

Die Deutsche Nationalbibliothek verzeichnet diese Publikation in der Deutschen Nationalbibliografie; detaillierte bibliografische Daten sind im Internet über http://dnb.d-nb.de abrufbar.

© Springer-Verlag GmbH Deutschland, ein Teil von Springer Nature 2020
Das Werk einschließlich aller seiner Teile ist urheberrechtlich geschützt. Jede Verwertung, die nicht ausdrücklich vom Urheberrechtsgesetz zugelassen ist, bedarf der vorherigen Zustimmung des Verlags. Das gilt insbesondere für Vervielfältigungen, Bearbeitungen, Übersetzungen, Mikroverfilmungen und die Einspeicherung und Verarbeitung in elektronischen Systemen.
Die Wiedergabe von allgemein beschreibenden Bezeichnungen, Marken, Unternehmensnamen etc. in diesem Werk bedeutet nicht, dass diese frei durch jedermann benutzt werden dürfen. Die Berechtigung zur Benutzung unterliegt, auch ohne gesonderten Hinweis hierzu, den Regeln des Markenrechts. Die Rechte des jeweiligen Zeicheninhabers sind zu beachten.
Der Verlag, die Autoren und die Herausgeber gehen davon aus, dass die Angaben und Informationen in diesem Werk zum Zeitpunkt der Veröffentlichung vollständig und korrekt sind. Weder der Verlag, noch die Autoren oder die Herausgeber übernehmen, ausdrücklich oder implizit, Gewähr für den Inhalt des Werkes, etwaige Fehler oder Äußerungen. Der Verlag bleibt im Hinblick auf geografische Zuordnungen und Gebietsbezeichnungen in veröffentlichten Karten und Institutionsadressen neutral.

Einbandabbildung: © Seventyfour/stock.adobe.com

Planung/Lektorat: Sarah Koch
Springer Spektrum ist ein Imprint der eingetragenen Gesellschaft Springer-Verlag GmbH, DE und ist ein Teil von Springer Nature.
Die Anschrift der Gesellschaft ist: Heidelberger Platz 3, 14197 Berlin, Germany

Vorwort

In meinem Beruf als Coach, Mentaltrainer, Kommunikationstrainer, Berater, Referent und Autor begleite ich seit über zehn Jahren Menschen auf ihrem Weg der Veränderung, des Lernens und der Persönlichkeitsentwicklung. Ob in Einzelcoachings oder in der Arbeit mit Gruppen – immer wieder stelle ich fest, dass Menschen neue Ziele erreichen wollen oder müssen. Der erfolgreiche Weg zur Erreichung von Zielen – egal ob sportliche, berufliche oder private – funktioniert am besten über die menschliche Psyche. Es ist gerade für Berater unabdingbar, einige grundlegende Muster des Denkens, Fühlens und Verhaltens zu verstehen, um Veränderung, Lernen und Persönlichkeitsentwicklung nachhaltig und effektiv zu gestalten. Zu verstehen, wie der individuelle Mensch tickt und wie man dieses „Ticken" nutzen kann, erleichtert den Weg zu neuen Zielen ungemein.

Dieses Buch schreibe ich daher für beratende Berufsgruppen, die ihre Klientel auf ähnlichen Wegen unterstützen und anleiten. Angesprochen sind vor allem Personal Trainer, aber auch Ernährungsberater, Burnout Coaches, Life Coaches, Entspannungstrainer, Sporttrainer unterschiedlicher Sportarten (z. B. Fußball, Golf, Marathon, CrossFit, Athletiktraining, Group Fitness), BGM-Berater (d. h. betriebliches Gesundheitsmanagement), Physiotherapeuten etc. Und sogar Ärzte sowie professionelle Therapeuten werden den einen oder anderen Impuls mitnehmen können.

Ausgangspunkt für dieses Buch war vor einigen Jahren die Feststellung in meinen Mentaltrainer-Ausbildungen, dass Personal Trainer und andere Berater ein gravierendes Problem haben. Eigentlich haben eher deren Klienten dieses Problem, doch den Personal Trainern fehlt oft eine ausreichende Lösung bzw. hinreichendes psychologisches Fachwissen, um Abhilfe zu schaffen. Es geht um das Problem der Nachhaltigkeit von Veränderung. Wird ein Personal Trainer von einem Kunden für beispielsweise fünf Termine gebucht, so wird dieser Kunde in jenen fünf Terminen bedingt durch die Anwesenheit und der Ansprachen des Trainers motiviert mitarbeiten. Nehmen wir an, der Kunde möchte in der Zusammenarbeit klassische Ziele erreichen wie etwa Fett- und Gewichtsabbau, Muskelaufbau, Verbesserung der allgemeinen Fitness sowie Ernährungsoptimierung, so sollte ein gut ausgebildeter und erfahrener Personal Trainer bestens in der Lage sein, den Kunden entsprechend zu beraten, zu trainieren und Wissen zu vermitteln. Sicherlich wird der Kunde im Rahmen dieser fünf Termine erste Erfolge verbuchen können und sich seiner Zielerreichung ein Stückchen annähern. Doch sobald die gebuchten Termine vorüber sind, verfallen viele Kunden wieder in ihre alten Handlungsmuster: Couch statt Sportschuhe, Schokolade statt Salat, Hüftgold statt Waschbrettbauch, Gewohnheit statt Innovation. Die Macht der Muster besiegt den Drang nach Neuem.

Manchmal werden Personal Trainer und Berater auch vor weitere Anforderungen gestellt. So fragen heutzutage viele Kunden von sich aus mentale Themen an. Sie wollen ganz allgemein entspannter, glücklicher, erfolgreicher, fokussierter werden oder ganz unterschiedliche Lebensbereiche im Privaten und im Beruflichen optimieren. Hierbei wäre es schade, wenn der Trainer nicht über ein grundlegendes Expertenwissen verfügt, um auch ein Stück weit Mentaltrainer oder Coach sein zu können, der seine Klienten über den eigentlichen Anlass hinaus ganzheitlich entwickelt.

Mit diesem Buch möchte ich Personal Trainern und anderen Beratern Tricks und Kniffe aus dem Mentaltraining zeigen, mit denen dieses Problem der Kunden möglichst einfach und nachhaltig gelöst werden kann. Bei weitgehender Vermeidung einer

Vertiefung psychologischer Theorien steht immer im Vordergrund, wie ein Trainer ganz pragmatisch vorgehen kann, um sukzessive – sprich unbemerkt durch die Hintertür – seine Klienten mental so zu erreichen, dass der Weg zum Ziel nicht nur machbar und langfristig ist, sondern auch noch Spaß macht. Dazu zeige ich mentale und kommunikative Tools, die letztendlich auch dem Trainer die Arbeit erleichtern und ihm neues Wissen vermitteln. Dieses Buch ist sozusagen eine kleine Fortbildung und gibt Ihnen als Personal Trainer bzw. als Berater Tools an die Hand, die Ihre psychologische Wirkung auf Klienten enorm verbessern kann.

Ich wünsche Ihnen viel Spaß beim Lesen, Lernen und Anwenden!

Köln
im April 2020

Martin Sutoris

Hinweise

Der Autor ist für Rückfragen und Feedback erreichbar unter https://www.coaching-smart.de/.

Aus Gründen der Lesbarkeit wurde an vielen Stellen darauf verzichtet zu gendern.

Danksagung

Phasenweise schreibt sich ein Buch wie von alleine, und manchmal braucht es etwas länger für den einen oder anderen Gedanken. Gerade wenn es um lösungsorientierte Ideen, kluge Rückmeldungen, werte Erfahrungen und professionelle Realisierungstipps geht, ist das Team des Springer-Verlags unschlagbar. Daher gilt mein Dank Dr. Sarah Koch, Anja Groth und Regine Zimmerschied.

Für die fachliche Beratung und Inspiration danke ich den erfahrenen Personal Trainern Rainer Goll (Oss!) aus Köln und Christiane Enzelberger aus Nürnberg.

Zudem danke ich den Instituten Academy of Sports und Deutsches eLearning Studieninstitut in deren Namen ich die Ausbildungen zum Sportmentaltrainer und Führungskräfte-Coach für zahlreiche Personal Trainer und unterschiedliche Berater als Dozent anleiten darf. Letztendlich haben die sehr engagierten Teilnehmer dieser Seminare zu diesem Buch angeregt. Professionalität und Kooperation sind die Dinge, die ich in beiden Instituten sehr schätze.

Zudem gilt mein Dank Tom Andreas, NLP-Lehrtrainer aus Köln. Vieles von dem, was ich hier im Buch vermittle, habe ich mit Dank und Demut auf höchstem Niveau in Toms Ausbildungen gelernt. Zudem durfte ich von seiner Illustration des Themas „Konzept von der Welt" für dieses Buch digital abkupfern.

Ebenso gilt mein Dank der sehr talentierten Illustratorin Rebecca Brouwers.

Inhaltsverzeichnis

1 Mentaltraining: Begriffsklärung und Kontext 1
   1.1 Zielgruppen: Personal Trainer, Berater und andere 6
   1.2 Beratungsschulen 8
   1.3 Mentaltraining als alltägliches Phänomen 15

2 Dreiklang des Mentaltrainings 21
   2.1 Umsetzung des Dreiklangs in der Arbeit mit Klienten 24
      2.1.1 Steuerung der Gedanken 29
      2.1.2 Steuerung der mentalen Bilder 32
      2.1.3 Steuerung der Gefühle und Emotionen 35
   2.2 Der Unterschied in der Beratung: Mit und ohne Mentaltrainingsmethoden 38
      2.2.1 Mentaltraining 1.0 41
      2.2.2 Mentaltraining 2.0 43

3 Möglichkeiten des Mentaltrainings 45

4 Mentale Interventionen – mit dem Doppelkern zur nachhaltigen Veränderung 51
   4.1 Ziele definieren und erreichen 53
   4.2 Lösungsfokussierendes Interview 63
   4.3 Stressmanagement 66
   4.4 Kontext-Transfer-Strategie 73

4.5	Negative Gedanken loswerden und Verhalten kontrollieren mit dem Gedankenstopp.	80
4.6	Selbstmanagement mit dem Moment of Excellence	82
4.7	Motivation erzeugen und aufrechterhalten.	88
	4.7.1 Ziele, Werte und Vision	89
	4.7.2 Visionboarding.	90
	4.7.3 Selbstmotivation mit dem Moment of Excellence	91
	4.7.4 Motivation mit den 4 W erzeugen	92
	4.7.5 Feedbackdusche.	96
	4.7.6 Mindset der Motivation	97
	4.7.7 Der Coach als Vorbild	98
	4.7.8 Metaphern einsetzen	99
4.8	Schwächen in Stärken verwandeln	101
4.9	Update für ein erfolgreiches Mindset	104
4.10	Werte und Alignment.	111
	4.10.1 Werte definieren.	113
	4.10.2 Ist-Soll-Abgleich der Persönlichkeitsebenen	117
4.11	Allgemeine mentale Coaching-Tipps für die Arbeit mit Klienten.	119
5	**Kommunikation im Mentaltraining**	125
5.1	Worte Wirken	128
5.2	Verbale und nonverbale Basics	129
5.3	Aktives Zuhören.	135
5.4	Spiegeln als Technik	138
5.5	Fragetechniken: Wer fragt der führt.	140
5.6	Psycho-Rhetorik.	145

Schlusswort 151

Literatur. 153

Über den Autor

Martin Sutoris ist Jahrgang 1978 und studierte an der Universität Hildesheim Kulturwissenschaften mit den Schwerpunkten Kulturmanagement und Psychologie. Er arbeitete einige Jahre als pädagogischer Mitarbeiter und Geschäftsführer in den Bereichen Kultur und Bildung. Seit 2010 ist er als freiberuflicher Trainer und Referent bundesweit in Unternehmen, an Universitäten sowie in Akademien aktiv und arbeitet zudem als Coach mit Managern, Gründern, Sportlern und Privatpersonen. Seit 2014 bildet er angehende Sportmentaltrainer, Berater und Coaches an der Academy of Sports, am DeLSt und zeitweise auch an der Universitären Weiterbildung der Kölner Sporthochschule aus. Die Themen seiner Seminare und Coachings sind Mentaltraining, NLP, Persönlichkeitsentwicklung, Kommunikationspsychologie, Beratungspsychologie und Entspannungsmethoden. Er lebt mit seiner Familie in Köln.

Abbildungsverzeichnis

Abb. 1.1	Kern des Mentaltrainings: Dreiklang	3
Abb. 1.2	**Zeigefinger (2:05 min)**. Mit dieser kleinen Übung können Sie den Einfluss einer mentalen Technik auf Ihr Verhalten unmittelbar ausprobieren. Hören Sie bitte die Audiodatei und führen direkt dabei die Übung auss	5
Abb. 1.3	„Berater" als Überbegriff für Mentaltraining, Personal Training, Coaching, Beratung etc . . .	7
Abb. 1.4	Doppelkern der erfolgreichen Beratung	14
Abb. 2.1	Die zwei Kernprobleme des Menschen	23
Abb. 2.2	**Eine 6 malen (1:10 min)**. Diese Übung demonstriert, wie sich Gedanken auf das Verhalten bzw. auf Gewohnheiten auswirken. Hören Sie bitte die Audiodatei und führen direkt dabei die Übung aus	24
Abb. 2.3	Dreiklang der Veränderung als Kern des Mentaltrainings	25
Abb. 2.4	Kreislauf von Gedanken und Ergebnissen	31
Abb. 2.5	Konstruktion eines mental nützlichen Bildes (Vision)	32
Abb. 2.6	Nutzbarkeit und Wechselwirkung der Emotionen und Gefühle	37
Abb. 3.1	Grundprinzip des Konzepts von der Welt	46

Abb. 3.2	**Konzept von der Welt (4:50 min).** Hören Sie bitte die Audiodatei und führen direkt dabei die Übung aus. Sie werden erkennen, wie sehr Visualisierungen das Denken, Fühlen und Verhalten beeinflussen können...	50
Abb. 4.1	**SMART-Ziel visualisieren (6:10 min).** Durch dieses Audiobeispiel erhalten Sie eine Idee davon, wie man Ziele definiert und im Mentaltraining visualisiert. Achten Sie hierbei auch auf den Einsatz nondirektiver Fragen sowie auf den Umgang mit der Stimme. Diese Visualisierung können Sie direkt mit Ihren Kunden durchführen	62
Abb. 4.2	**Basic Breath (0:43 min).** Erfahren Sie diese Atemtechnik, indem Sie sich durch den Audio-Track anleiten lassen	69
Abb. 4.3	**4–4–6–6 (1:10 min).** Erfahren Sie diese Atemtechnik, indem Sie sich durch den Audiotrack anleiten lassen.	70
Abb. 4.4	**Body Scan (2:09 min).** Erfahren Sie diese Meditationstechnik, indem Sie sich durch den Audio-Track anleiten lassen	71
Abb. 4.5	**Nichts tun (3:12 min).** Erfahren Sie diese Achtsamkeitstechnik, indem Sie sich durch den Audiotrack anleiten lassen	72
Abb. 4.6	Moment of Excellence....................	83
Abb. 4.7	Technik des Moment of Excellence	84
Abb. 4.8	**Der vergrabene Schatz (2:58 min).** Diese kurze Geschichte (Bucay 2008) regt an, über die Themen Ziele und Visionen nachzudenken. Geben Sie diese Metapher an Ihre Kunden weiter, wenn Sie diese zur Erreichung eines Ziels motivieren möchten. Wie Sie darüber hinaus noch mit Metaphern arbeiten können, erfahren Sie in Abschn. 4.7.8.....................	91
Abb. 4.9	Motivation mit den 4 W..................	93

Abb. 4.10	**Von der Kunst, auf einer Linie zu gehen (6:26 min).** Diese Geschichte (Kuhn 2019) regt an, über die Themen Motivation und Disziplin nachzudenken. Geben Sie diese Metapher an Ihre Kunden weiter, wenn Sie diese zur Erreichung eines Ziels motivieren möchten.............................	95
Abb. 5.1	**Die Geschichte vom Hammer (1:14 min).** Diese sehr berühmte Geschichte (Watzlawick 1983) regt an, über das Thema Kommunikation nachzudenken. Sie ist ein Muss für alle, die sich eingehender mit Kommunikation befassen. Bitte hören Sie sich die Geschichte an und fragen Sie sich dabei, was sie über zwischenmenschliche Kommunikation und Wahrnehmung aussagt...................	127
Abb. 5.2	Problem-Lösung-Physiologie	134
Abb. 5.3	Spiegeln.............................	139

Tabellenverzeichnis

Tab. 4.1	Gedankenstopp	81
Tab. 4.2	Werte definieren	115
Tab. 4.3	Persönlichkeitsebenen „Ist"	118
Tab. 4.4	Persönlichkeitsebenen „Soll"	120
Tab. 5.1	Psycho-Rhetorik	147

Mentaltraining: Begriffsklärung und Kontext

Der Begriff „Mentaltraining" ist eine sogenannte Gummivokabel. Er subsumiert vieles, was eigentlich anderen Begriffen wie „Coaching", „psychologische Beratung", „Sportpsychologie", „Verhaltenstraining", „Supervision", „Training" und „Schulung" bis hin zu unterschiedlichen Therapieformen zuzuordnen wäre. Da jedoch diese weiteren Begriffe wiederum zahlreiche Schnittmengen und Berührungspunkte untereinander vorweisen, ergibt eine genauere Abgrenzung oder gar wissenschaftliche Begriffsdefinition – nicht nur an dieser Stelle, sondern vielleicht auch ganz allgemein – kaum Sinn. Letztendlich zählt eh nur die Frage, wie sich der Berater in seiner Rolle sieht, welche Methoden er nutzt und vielleicht noch was sein Klient darunter versteht. Letzteres ist aber zu vernachlässigen, da sich der Klient nicht an einer Definition, sondern am persönlichen Nutzen orientiert.

Daher möchte ich gern eine Begriffserklärung aus meiner Sicht anbieten, damit dem Leser klar wird, was der eigentliche Grundgedanke des Wortes eigentlich ist. Das Wort an

---

Elektronisches Zusatzmaterial Die elektronische Version dieses Kapitels enthält Zusatzmaterial, das berechtigten Benutzern zur Verfügung steht https://doi.org/10.1007/978-3-662-61678-9_1. Die Videos lassen sich mit Hilfe der SN More Media App abspielen, wenn Sie die gekennzeichneten Abbildungen mit der App scannen.

sich setzt sich zunächst aus zwei Teilen zusammen: „mental" und „Training". Einfacher ist es, das Wort „Training" zuerst kurz zu beschreiben. Denn wie höchstwahrscheinlich alle Leser wissen, ist mit Training ein festgelegter Vorgang gemeint, der mit der Zielsetzung der Verbesserung und der Automatisierung regelmäßig wiederholt wird. Das kann zum Beispiel etwas Körperliches sein, wie die Ausübung einer sportlichen Bewegung. Es kann aber auch etwas Mentales sein, wie das Einprägen von Vokabeln einer fremden Sprache.

Etwas komplexer wird es bei der Beschreibung des Wortes „mental". Ursprünglich bezeichnet es Vorgänge, die dem Denken zuzuordnen sind. Das menschliche Denken ist jedoch äußerst vielfältig und kaum einzugrenzen: Erinnern, vorstellen, rechnen, sprechen, kreieren, lernen, nachdenken, entscheiden, konzentrieren usw. sind ganz unterschiedliche mentale Prozesse.

Kombiniert man nun die Bedeutung der beiden Wortbestandteile, könnte man vereinfachend sagen, dass Mentaltraining im weitesten Sinne eine Denkübung ist. Ja, das ist richtig – aber es ist nur ein Bruchteil von dem, was Mentaltraining insgesamt umfasst. Wenn man die Idee einer Denkübung etwas konkreter heranzieht, so könnte Mentaltraining zunächst vieles sein:

- Logikrätsel, Sudoku etc.
- Vokabeln pauken
- Gedächtnistraining
- Kognitive Aufgaben, z. B. zählen, erinnern, rechnen, fantasieren
- Sprachlogische Aufgaben, z. B. lesen, formulieren, hinterfragen
- Bewusste Gedankenführung, z. B. Kreativität, strategische Planung, Reflexion, Konzentration

Fragt man hingegen einen Otto Normalverbraucher, was denn Mentaltraining sei, so kommt oft als Antwort: „Das ist doch das, was Sportler vor einem Wettkampf tun – sie stellen sich den Sieg mental vor." Ja, auch das ist richtig – und es ist ebenfalls wieder nur ein Bruchteil des großen Ganzen. Mentaltraining ist zudem keinesfalls auf den Sport zu begrenzen. Es hat in nahezu allen

1 Mentaltraining: Begriffsklärung und Kontext

Lebensbereichen Wirkungspotenzial und eine nutzenorientierte Einsatzberechtigung – gerade für die Kunden von Personal Trainern, Coaches und anderen Beratern.

Halten wir also bis hierhin fest, dass Mentaltraining etwas mit Denken sowie mit Regelmäßigkeit zu tun hat. Streng genommen ist tatsächlich regelmäßiges Sudoku spielen oder Vokabeln pauken auch eine Form des Mentaltrainings. Doch damit ist der Begriff noch nicht ausreichend erörtert, um sinnvoll auf einer psychologischen Ebene mit anderen Menschen arbeiten zu können. Denn mit dem Denken sind direkt Emotionen und Gefühle verknüpft – und dies sogar in einer so engen Wechselwirkung, dass man das Fühlen gar nicht wirklich vom Denken trennen kann. So kann das Denken an eine Erinnerung oder das Lösen eines Logikrätsels unmittelbar Freude oder Frust hervorrufen. Und ein schönes Gefühl kann, egal, wodurch es ausgelöst wurde, wiederum bestimmte Gedankengänge hervorrufen.

Und genau das ist ein zentraler Kern des Mentaltrainings: die Wechselwirkung von Denken und Fühlen sowie der entsprechende Effekt, den dieser Zusammenhang auf das Verhalten generiert (Abb. 1.1).

Ruft der Gedanke an eine Erinnerung Freude hervor, so folgt möglicherweise eine bestimmte Handlung als logische Konsequenz. Wenn man sich zum Beispiel an einen alten Freund erinnert und man erfreut sich daran, so wird man ihn vielleicht anrufen. Eine Gedanke-Gefühl-Kombination erzeugt also eine Handlung bzw. ein Verhalten. Diese Kombination sollte aufeinander abgestimmt sein, denn wenn an die Erinnerung des Freundes ein ungutes Gefühl gekoppelt ist, wird man sicherlich nicht anrufen. Oder man hat spontan das Gefühl, dass einem nun ein leckerer Riegel Schokolade schmecken würde. Und wenn darauf der Gedanke folgt, dass sich dieser

Abb. 1.1 Kern des Mentaltrainings: Dreiklang

Schokoriegel gerade im Kühlschrank befindet, so kann diese Gedanke-Gefühl-Kombination auch eine entsprechende Handlung auslösen. Das gilt umso mehr, wenn diesem Vorgang noch ein schönes Bild mental angeheftet wird, zum Beispiel der leckere Schokoriegel vor dem geistigen Auge.

Mentaltraining will dem Menschen zu einem zielgerichteten Verhalten verhelfen und nutzt dafür die absichtliche Fokussierung auf Gedanken und Gefühle sowie deren bewusste Steuerung. Dazu bedient es sich einer Reihe an psychologisch bewährten Techniken, die unterschiedlichen (zum Teil therapeutischen) Richtungen der Psychologie entstammen. Mentaltraining ist sozusagen eine Bewusstmachung von Gedanken und Gefühlen, eine Fokussierung auf absichtliches Verhalten und ein Methodenmix der Psychologie. Beispiele der Anwendung von Mentaltraining, die über das Training von Sudoku, Logikrätseln, Gedächtnistraining etc. hinausgehen, sind:

- Fokussierung auf sportliche Leistungen (z. B. Gewichtsreduktion, Muskelaufbau, Verbesserung der Kondition, Beweglichkeit, Erlernen einer neuen Bewegung)
- Erreichen beruflicher Ziele (z. B. besser mit Vorgesetzten klarkommen, neue Herausforderungen meistern, belastende Projekte oder Situationen besser stemmen)
- Erreichen privater Ziele (z. B. Ernährungsumstellung, allgemein entspannter und zufriedener werden, aufgeschobene Projekte endlich angehen, neue Ideen und Pläne für die Zukunft entwickeln, Probleme in unterschiedlichen Lebensbereichen lösen, Konflikte lösen und Beziehungen stärken, Entscheidungen treffen)

Hier wird die eingangs erwähnte Überschneidung zu anderen Begriffen wie „Sportpsychologie", „Life Coaching", „Supervision" und Beratung nochmals deutlich. Letztendlich ist Mentaltraining das, was ein Mentaltrainer – respektive Personal Trainer, Coach, Berater usw. – mit seinem Klienten tut. Und da kommt es darauf an, was der Trainer vorab an Know-how gelernt hat. Ebenso zählt, was er an Erfahrung und Intuition mitbringt – denn nicht alles lässt sich mit der wissenschaftlichen Brille erfassen.

1 Mentaltraining: Begriffsklärung und Kontext

Eine anerkannte Definition des Begriffs der Supervision darf zum Verständnis weiterhelfen. Denn Supervision, als eine Art der Beratung, die eine besondere Zulassung und langjährige Ausbildung des Supervisors erfordert, ist in einer offiziellen Variante definiert mit den Worten von F. Siegers:

> Supervision ist alles, was ein Supervisor tut. (Siegers 1992)

Aus meiner Sicht ist mit diesem Zitat alles gesagt, und der Inhalt dieser Definition kann adäquat auf den Begriff des Mentaltrainings übertragen werden: Alles, was ein Mentaltrainer tut, ist Mentaltraining. Mehr nicht. Aber auch nicht weniger! Ob dabei ein Profisportler mit Mentaltraining auf einen Wettkampf vorbereitet wird, ein Privatmensch endlich ein Marathontraining beginnen kann, ein Schüler sich auf eine Matheklausur effizient vorbereitet oder ein Projektleiter eine Rede vor den Vorgesetzten ohne Lampenfieber hält. Somit lässt die Klärung des Begriffs

Abb. 1.2 Zeigefinger (2:05 min). Mit dieser kleinen Übung können Sie den Einfluss einer mentalen Technik auf Ihr Verhalten unmittelbar ausprobieren. Hören Sie bitte die Audiodatei und führen direkt dabei die Übung auss. (© skynesher/Getty Images/iStock) https://doi.org/10.1007/000-0s4

"Mentaltraining" keine allgemeingültige Definition zu. Das mag auf den ersten Blick sehr vertrackt erscheinen, aber im Laufe des Buches wird die Vorstellung davon klarer. Vor allem die folgenden Techniken und Anwendungsmöglichkeiten lassen ein praktikables Bild von Mentaltraining entstehen (Abb. 1.2).

1.1 Zielgruppen: Personal Trainer, Berater und andere

Um die Zielgruppe für dieses Buch klar zu benennen, möchte ich aufführen, wer durch die Anwendung von Mentaltraining in der Zusammenarbeit mit Klienten profitieren kann. Die Definition der Zielgruppe ist zugleich eine Hilfe zum Verständnis dessen, was Mentaltraining ist. Wie beschrieben ist das keine einfache Definitionsfrage – und sicherlich ist es auch eine Definitionsfrage, wer oder was genau ein Trainer, Coach bzw. Berater ist. Deshalb führe ich auf, wen ich anspreche und wer von diesem Buch profitieren kann:

- Personal Trainer
- Trainer aller Sportarten (von Schach über Golf und Marathon bis Fußball etc.)
- Life Coaches
- Ernährungsberater
- Burnout-Berater
- Entspannungstrainer
- Physiotherapeuten
- BGM-Berater
- Business Coaches
- Group-Fitness-Instruktoren
- Ärzte, Therapeuten, Psychologen, Pädagogen

Der Oberbegriff für all diese Berufsgruppen ist sicherlich ganz allgemein der Begriff des Beraters. Der verbindende rote Faden all dieser Ausrichtungen ist der, dass ein Berater über Expertenwissen sowie über spezifische Erfahrungen verfügt. All dies stellt er seinem Klienten individuell angepasst zur Verfügung, damit

1.1 Zielgruppen: Personal Trainer, Berater und andere

dieser etwas lernt, sich beruflich oder persönlich weiterentwickelt, Ziele erreicht und Veränderungen in einem bestimmten Lebensbereich generiert. In einigen dieser Ausrichtungen geht „der Berater" eher direktiv vor (d. h. führend, anleitend, ergebnisorientiert) und in einigen eher nondirektiv (d. h. kooperativ, offen, prozessorientiert). Beispiel: Ein Personal Trainer wird in aller Regel direktiv arbeiten, indem er seinen Kunden zu gezielten Übungen anleitet, die Ausführung korrigiert und ihm ganz konkrete Trainingsvorgaben aufzeigt. Jemand, der sich hingegen als (Life, Personal oder Systemischer) Coach versteht, wird eher nondirektiv arbeiten, indem er seinem Kunden, ohne zu drängen, viele Fragen stellt und ihn zu assoziativen Denkprozessen einlädt.

Im Buch nutze ich somit für alle Zielgruppen zusammenfassend und vereinfachend den Begriff „Berater" sowie hin und wieder „Trainer", „Coach", „Mentaltrainer" bzw. „Personal Trainer". Gemeint sind dann synonym jeweils alle hier aufgeführten Beratergruppen (Abb. 1.3).

Ein weiteres Merkmal, das alle Ausrichtungen miteinander verbindet, ist der Punkt der Kommunikation. Egal, was ein Berater tut oder was er seinem Klienten vermittelt, er muss dafür – verbal und nonverbal – kommunizieren. Ohne die zwischenmenschliche Kommunikation kann er seine Beratung erst gar nicht durchführen. Dadurch kommt der Kommunikation eine besondere Bedeutung zu, der ich in Kap. 5 einen größeren

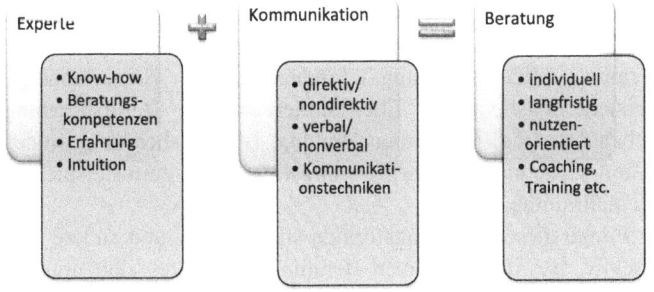

Abb. 1.3 „Berater" als Überbegriff für Mentaltraining, Personal Training, Coaching, Beratung etc

Abschnitt widmen möchte. Denn die Art und Weise, wie der Berater kommuniziert, wird maßgeblich den Erfolg seiner Arbeit mitgestalten. Es gibt viele hilfreiche Techniken, mit denen die Kommunikation professionalisiert werden kann.

1.2 Beratungsschulen

Nachdem ich Mentaltraining als Fachthema und Berufsgruppen als potenzielle Nutzer beschrieben habe, möchte ich auch kurz darauf eingehen, welche Beratungsansätze überhaupt weit verbreitet sind und was deren Wesen jeweils ausmacht. Diese Benennung der unterschiedlichen psychologischen Schulen hilft dem Leser, seine eigene Arbeit, in der er vielleicht eher intuitiv und unbewusst mentale Beratungsmethoden einsetzt, besser einzuordnen und künftig präziser mit psychologischen Tools auszugestalten.

Zum allgemein Verständnis, was eine professionelle Beratung ist, beziehe ich mich auf folgende Definition der Psychologin Susanne Nußbeck:

> Das Beratungsgespräch ist eine besondere zwischenmenschliche Interaktionsform, die im Gegensatz zum Alltagsgespräch planvoll, fachkundig und methodisch geschult durchgeführt wird. Es beruht auf einer beidseitigen Verbindlichkeit, Verantwortung und auf einem arbeitsfördernden Vertrauensverhältnis. (Nußbeck 2019)

Es gibt viele unterschiedliche Beratungsformen, etwa Gesundheitsberatung, Anlageberatung, Drogenberatung, Familienberatung, Rechtsberatung, Finanzberatung, Steuerberatung, Versicherungsberatung, Ehe-/Partnerberatung, Berufsberatung, Lebensberatung, Ernährungsberatung, Bildungsberatung, Supervision, Coaching, Mentoring – und viele mehr, zum Beispiel das Mentaltraining.

Einige dieser Beratungsformen sind direktiv und andere nondirektiv. Bei der direktiven Beratung handelt es sich um eine Expertenberatung. Der Ratsuchende hat ein Problem, das er selbst erkannt hat. Er sucht einen entsprechenden Berater auf

1.2 Beratungsschulen

und erwartet von diesem fertige Ergebnisse oder Vorschläge. Der Berater fungiert als Fachexperte, er gibt Informationen weiter oder klärt auf. Diese Beratungsform ist eher inhaltsorientiert. Hierzu gehören Steuerberatung, Rechtsberatung, Versicherungsberatung etc. sowie auch Personal Training, die Anleitung von Kursen im Fitnessstudio oder die Ernährungs- und Burnout-Beratung. Die nichtdirektive Beratung ist eine Art Prozessberatung. Hier wird der Ratsuchende bei der selbstständigen Problemlösung unterstützt. Hierzu gehören (Life) Coaching, Lebensberatung, Ehe-oder Partnerberatung, Konfliktmoderation etc.

Mentaltraining vereint in aller Regel direktive und nichtdirektive Vorgehensweisen. Direktiv kann dabei sein, dass der Mentaltrainer bzw. Coach seinem Kunden bestimme Visualisierungsaufgaben stellt, die einem Zweck dienen – meist dem Erreichen eines vorab definierten Ziels. Nicht direktiv kann dabei sein, dass der Kunde selbst Lösungsansätze oder Vorgehensweisen für seine Aufgabenstellung entwickelt oder auch seine Aufmerksamkeit einmal nach innen richtet. In beiden Fällen wird ihn der Mentaltrainer nicht wirklich anleiten, sondern nur zum Beispiel mittels Fragetechniken einen Rahmen anbieten, innerhalb dessen der Kunde selbst denkt und handelt.

Es existieren viele profunde Ausbildungen auf dem öffentlichen und privatwirtschaftlichen Bildungsmarkt, nach deren erfolgreichem Absolvieren das Zertifikat des „Mentaltrainers" ausgehändigt wird. Je nach Qualifikation und Hintergrund des Ausbilders – die Begriffe „Mentaltrainer", „Berater", „Coach" etc. sind nicht geschützt, was in erster Linie nicht mangelnde Qualität, sondern eine hohe Pluralität bedeutet – wird hier meist ein Mix der folgend aufgelisteten „Schulen" vermittelt:

- *Sportpsychologie:* Sportpsychologen vermitteln auf wissenschaftlicher Grundlage unter anderem psychologische Fertigkeiten, die sowohl den Trainingsprozess unterstützen als auch den Abruf des Leistungspotenzials eines Sportlers in Wettkampfsituationen verbessern und stabilisieren sollen. Dies basiert auf dem sogenannten ideomotorischen Prinzip, wonach allein die Wahrnehmung oder Vorstellung von Bewegungen bzw. das Visualisieren vom Anspannen und Entspannen bestimmter Muskeln zu nachweisbaren muskulären Reaktionen und Lerneffekten führen (Carpenter-Effekt). Sportpsychologie wird oft als *das* Mentaltraining bezeichnet, in dem es um das Visualisieren bestimmter sportarttypischer Bewegungen und Wettkampfsituationen geht. Mentales Training im Sport verbessert jedoch nicht nur Bewegungsabläufe (Psychomotorik), sondern reguliert auch das allgemeine seelisch-körperliche Befinden und optimiert vor allem die psychische Spannung und die Selbstmotivation (psychoregulatives Training).

- *Mentales Training:* Der Begriff des Mentalen bezieht sich dabei primär auf nichtkörperliche, d. h. imaginäre bzw. rein geistige Vorgänge. Der Begriff des Trainings meint hierbei eine gewisse Regelmäßigkeit bei der Anwendung. Andere Beratungsformen (siehe unten) finden häufig auch nur einmalig statt. Speziell im Sport ist unter mentalem Training das Visualisieren von Bewegungsabläufen gemeint, ohne diese körperlich auszuführen. Doch dass dies nicht die einzige Variante von mentalem Training ist, zeigt diese Begriffsabgrenzung. Hauptgegenstand sind die Vorgehensweisen Selbstgesprächs-, Aktivierungs-, Vorstellungs- und Aufmerksamkeitsregulation.
- *Coaching:* Unter Coaching kann eine Kombination aus individueller, unterstützender Problembewältigung und persönlicher Beratung auf Prozessebene für unterschiedliche berufliche und private Anliegen verstanden werden. Ein Grundziel ist Hilfe zur Selbsthilfe sowie auch die Ideologie: Beratung ohen Ratschläge. Der Coach bietet einen Prozessrahmen und methodische Inhalte, die Problemlösung muss jedoch vom Klienten selbst geleistet werden. Im Coaching erhält der Klient durch die Arbeit des Coaches einen effektiveren Blick auf seine Ressourcen, sodass sich für ihn neue Wahlmöglichkeiten im Denken und Handeln ergeben.
- *Therapie:* Therapie bezeichnet die Behandlung von Krankheiten und Verletzungen. Dies ist ein staatlich geschützter Begriff, der eine bestimmte Ausbildung erfordert (zum Beispiel Psychotherapeut, Arzt, Heilpraktiker, Hypnotherapeut)

1.2 Beratungsschulen

und das Heilen gesetzlich definierter Diagnosen und Symptome ausdrücklich erlaubt. Hierzu zählen auch Krankheiten wie Depression. Oft gelingt es jedoch auch Coaches oder Mentaltrainern, eine Depression zu „heilen" bzw. zu verbessern – sie dürfen es nur nicht offiziell als Heilung oder Therapie bezeichnen.

- *Neuro-Linguistisches Programmieren:* Diese Richtung des Coaching, kurz NLP genannt, ist eine sehr verbreitete und effektive Schule. Der Name soll ausdrücken, dass subjektives Erleben (=neuro) eine bei jedem Menschen individuelle Struktur (=Programm) hat. Die Art der Informationsverarbeitung durch Sprache (=linguistisch) ist dabei wesentlich im Ausbilden solcher Programme. Jeder Mensch hat nützliche Programme (damit sind Denkweisen und Verhaltensmuster gemeint, die zum gewünschten Erfolg führen) und weniger nützliche Programme (einschränkende Denkweisen und Verhaltensmuster). Ein Coach oder Trainer, der NLP-Techniken einsetzt, arbeitet an der Veränderung des inneren Erlebens eines Klienten. Weil diese Richtung – professionell angewendet – so effektiv ist, wurde bzw. wird sie oft missbräuchlich von trickreichen Verkäufern im Vertriebswesen eingesetzt, die manipulativ ihre Produkte absetzen. Coaches und Trainer, die mit NLP arbeiten, verpflichten sich in der Regel durch die Mitgliedschaft in einem Coaching-Verband, explizit auf Manipulation zu verzichten. Diese ethische Verpflichtung gehen auch Psychologen und Psychotherapeuten ein.
- *Systemische Beratung:* Die Systemische Beratung stammt aus der Familientherapie, in der davon ausgegangen wurde, dass das Problem eines Klienten nicht nur in seiner Psyche, sondern prinzipiell bei allen Personen der ganzen Familienlinie (Familiensystem) ursächlich zu suchen ist. Diesen Ansatz haben Wirtschaftspsychologen für die Beratung großer Unternehmen (Organisationsentwicklung) für sich entdeckt und festgestellt, dass zum Beispiel das Problem einer Abteilung Ursachen und Lösungen in ganz anderen Abteilungen hat als dort, wo das Problem sichtbar ist. Durch den Transfer in Wirtschaftskontexte hat die Systemische

Beratung eine Methodenvielfalt erfahren, sodass auch die Zusammenarbeit mit nur einer Person möglich ist, wobei alle Systeme der Person (zum Beispiel Beruf, Familie, Persönlichkeit) in ihrem Zusammenhang betrachtet werden.
- *Lösungsfokussierende Kurzzeittherapie:* Ein Abzweig der Systemischen Beratung ist das lösungsfokussierte Coaching, auch Kurzzeittherapie genannt. Gerade hierbei sind viele Interventionen zu finden, die inzwischen Standardmethoden des Mentaltrainings allgemein geworden sind und später im Buch beschrieben werden. Kern dessen ist, in möglichst wenigen Beratungsterminen eine effektive Veränderung im Leben des Klienten zu generieren, indem vor allem mit vorhandenen, mentalen Ressourcen gearbeitet wird.
- *Mediation:* Es handelt sich um eine Methode der sog. gewaltfreien und außergerichtlichen Konfliktbearbeitung. Ziel ist es, in einem Konflikt eine für alle Seiten vorteilhafte Regelung zu finden. Ein Mediator unterstützt beide Parteien dabei. Beispiel: Ein Trainer hat einen Boxer unter Vertrag. Der Vertrag regelt die Zusammenarbeit bis zum Endkampf. Doch bereits im Training sind die Differenzen zwischen beiden so groß, dass einer dem anderen ein Gerichtsverfahren androht, um sich aus dem Vertrag zu verabschieden. Um das Gerichtsverfahren zu umgehen, wird ein Mediator eingeschaltet. Dieser bemüht sich darum, dass beide in einen emotional kooperativen Zustand zurückkehren und sich nicht im Streit trennen.
- *Mentoring:* Dies ist eine Form der Ausbildung eines Jüngeren durch einen Älteren, wobei der Ältere die Aufgaben des Jüngeren bereits gemeistert hat und diesen aufgrund seiner Expertise anleitet und reflektiert. Als Mentor fungieren somit oft „alte Hasen", die bereits mehr erreicht haben als ihr Schützling, und weisen diesen in bestimmte Aufgaben und Problemlösungen ein.
- *Supervision:* Hierbei handelt es sich um ein Beratungsformat, das zur Sicherung und Verbesserung der Qualität beruflicher Arbeit eingesetzt wird. Sie dient grundsätzlich der Entwicklung von Personen und Organisationen und betrachtet personale, interaktive sowie organisatorische Aspekte.

1.2 Beratungsschulen

Supervision bezieht sich auch auf die Kommunikation und Kooperation im Kontext beruflicher Arbeit. „Supervision ist alles, was ein Supervisor tut."
- *Hypnose:* Ähnlich dem Mentaltraining hat das Allgemeinwissen zum Thema „Hypnose" – vor allem durch fälschliche Anwendungen in den Medien wie zum Beispiel Show-Hypnose – einen negativen Beigeschmack. Dieser ist gekennzeichnet von einer Auslieferung des Hypnotisanden gegenüber dem Hypnotiseur, von Willenlosigkeit, Manipulation, Belustigung und Erniedrigung. Dabei ist dies ein völlig falsches Bild von Hypnose – denn niemand befindet sich in Hypnose in einem willenlosen Zustand. Hypnose ist eine Beratungs- bzw. Therapieform, in welcher der Klient in einer tiefen Trance – das ist nichts weiter als ein Entspannungszustand, der sowieso bei jedem Menschen jeden Tag kurz vor dem Einschlafen eintritt – Kontakt zu seinem Unbewussten aufnimmt und so mehr zu sich selbst kommt bzw. effektive Lösungen für Probleme findet, ohne kognitiv nachzudenken. Klassische Anwendungsbereiche sind zum Beispiel das Auflösen von Phobien, Rauchentwöhnung sowie Gewichtsreduktion. Zunehmend findet Hypnose auch Anwendung im Profisport.

Zusammenfassend lässt sich sagen, dass alle diese genannten Ansätze gemeinsame Ziele verfolgen, jedoch auf einem unterschiedlichen Weg:

- Hilfe zur Selbsthilfe leisten
- Klarheit in Bezug auf das Thema oder Problem eines Klienten schaffen
- Lösungen für dieses Thema oder Problem erarbeiten
- Zugriff auf eigene Fähigkeiten (sogenannte Ressourcen) zur Lösungsrealisierung und Zielerreichung ermöglichen
- Übergang in einen wieder guten inneren Zustand des Klienten, den er lernt, selber zu aktivieren
- Einsatz bestimmter Kommunikationstechniken durch den Berater
- Metaziel: Veränderungsbereitschaft und Veränderungskompetenz schaffen.

Auch wenn zwischen diesen Ansätzen einige Schnittmengen bestehen, so unterscheiden sie sich doch sehr hinsichtlich der Ausbildungsinhalte, der Zugangsvoraussetzungen, der Umsetzung sowie der juristischen Hintergründe. Zudem haben die Berater der jeweiligen Schulen ein unterschiedliches Selbstverständnis. Ein Therapeut wird bei seinem Klienten eher nach einer Krankheit suchen, z. B. einer Depression, und nach Ereignissen in der Kindheit fragen. Ein Coach wird eher im offenen, zukunftsorientierten Gespräch Ressourcen stärken wollen, und ein Hypnotiseur wird sicherlich denken, dass die Trance der beste Weg zum Erfolg ist.

Alle Methoden haben jedoch zwei gemeinsame Kerne (Abb. 1.4). Mit „Kern" meine ich, dass eine Gemeinsamkeit da ist, die deutlich mehr als nur eine Schnittmenge, eine Verbindung oder ein roter Faden ist. Der erste Kern, der letztendlich eine Beratung erfolgreich werden lässt und Klienten zum gewünschten Ziel bzw. zur gewünschten Veränderung führt, ist der von mir bezeichnete Dreiklang. Denn in jeder Methode steckt – neben der Kompetenz und der Erfahrung des Beraters – in jeweils unterschiedlicher Weise der Dreiklang bestehend aus der Gedanke-Gefühl-Bild-Kombination. Beratungen, die einen dieser Aspekte auslassen, sind weniger erfolgreich und weniger nachhaltig.

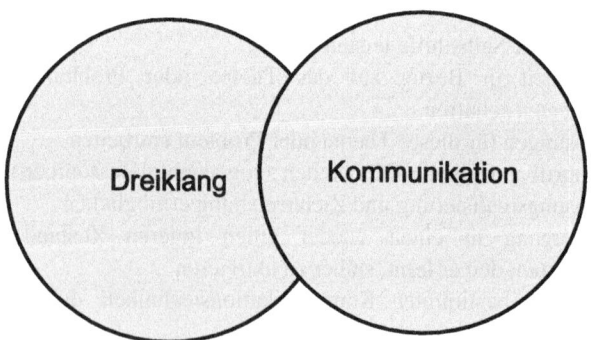

Abb. 1.4 Doppelkern der erfolgreichen Beratung

Auch der zweite Kern steckt in allen Schulen und ist wesentlich mitverantwortlich für eine gelungene Beratung. Dieser ist die professionelle Art der Kommunikation, die ein Berater anwendet. Im Regelfall lernt man bestimmte Kommunikationsmodelle, z. B. das aktive Zuhören, Fragetechniken, Vier-Seiten-Modell, Rapportaufbau, nonverbale Techniken, als Berater, Coach, Supervisor etc. kennen und einzusetzen. Dadurch unterscheidet sich die beratende Kommunikation deutlich von Alltagsgesprächen und erleichtert den Weg des Klienten zu seinem Erfolg. Zu den Kommunikationstechniken erfahren Sie in Kap. 5 mehr.

1.3 Mentaltraining als alltägliches Phänomen

Mentaltraining ist eigentlich ein ganz normales Phänomen, das nicht nur im Spitzensport oder im Top-Management Anwendung findet. Alle Menschen nutzen im Alltag permanent Prinzipien des Mentaltrainings, jedoch ohne zu wissen, dass sie gerade in dem Moment streng genommen ein Mentaltraining mit sich selber durchführen. Mentaltraining will und kann den Menschen in seinem Verhalten gezielt beeinflussen, indem Gedanken und Gefühle bewusst reguliert werden. Und die Regulation von Gedanken und Gefühlen findet mehrmals täglich statt – wenn auch meist unbewusst.

Ein Beispiel soll das verdeutlichen: Stellen Sie sich einmal vor, Sie befinden sich am Ende eines langen und sehr harten Arbeitstages, der von 8 bis 17 Uhr dauert. Nichts läuft an diesem Tag wie geplant, Ihre Nerven wurden von morgens bis abends strapaziert. Sie sind daher kurz vor Feierabend sehr frustriert und wollen nur noch nach Hause fahren. Um 16 Uhr stellen Sie fest, dass Sie ja nur noch eine Stunde durchhalten müssen. Und in diesem Moment beginnen Sie sich Gedanken zu machen. Sie denken vielleicht an Ihre Couch und daran, wie Sie zur Entspannung Ihre Lieblingsserie anschauen könnten. Möglicherweise sehen Sie sich vor dem geistigen Auge ganz relaxt direkt mit einem kühlen Getränk und einem leckeren

Snack die Serie genießend auf dieser Couch liegen. Das erzeugt in Ihnen ein Gefühl der Vorfreude, der Entspannung sowie der Hoffnung oder Sicherheit, dass gleich Feierabend ist und dass in nur einer Stunde endlich die verdiente Erlösung nach einem so frustrierenden Arbeitstag in Sicht ist. Der Gedanke an genau diesen Feierabend auf der heimeligen Couch, verbunden mit ebendiesem wohligen Gefühl, lässt Sie in einer Stunde auf dem Heimweg einen kleinen Umweg zum Supermarkt machen, um sich dort beispielsweise ein kühles Bier und Ihre Lieblingssorte an Kartoffelchips zu besorgen.

Kennen Sie diese Situation so oder ähnlich? Wenn Sie sich darin wiederfinden können, wird Ihnen wohl kaum bewusst sein, dass Sie in jenem Moment um genau 16 Uhr ein kleines, aber unbewusstes und wirksames Mentaltraining durchgeführt haben. Sie erinnern sich daran, dass Mentaltraining durch die bewusste Regulation von Gedanken und Gefühlen ein gezieltes Verhalten erzeugt. Das gedankliche Ausmalen im inneren Dialog des Feierabends erzeugt ein angenehmes Gefühl. Und diese Gedanke-Gefühl-Kombination führt zu einem entsprechenden Verhalten – in diesem Beispiel dem Umweg zum Supermarkt sowie dem Kauf der vorgestellten Produkte. Genau das ist schon ganz einfaches und klassisches Mentaltraining.

Im hektischen und durchgetakteten Alltag tauchen ständig Gedanken und Gefühle auf. Dabei ist es zunächst weniger wichtig, ob diese Gedanken und Gefühle bewusst oder unbewusst auftauchen, denn man selbst versteht den direkten Einfluss auf entsprechendes Verhalten so schnell nicht. Sobald der Gedanke-Gefühl-Kombination ein bewusster Wille oder eine Absicht vorausgeht, erfolgt ein zielgerichtetes Verhalten. Und genau das ist Gegenstand des Mentaltrainings, das mit einer Vielzahl an psychologischen Methoden, Tools oder Tricks, von ganz einfachen bis hin zu hochkomplexen, umgesetzt werden kann. Sämtliche Möglichkeiten können sowohl – nach einiger Übung – alleine zweckdienlich als auch in Zusammenarbeit mit einem Klienten genutzt werden.

Das Beispiel mit dem Umweg zum Supermarkt lässt sich gut fortführen. Das Ergebnis des Mentaltrainings um 16 Uhr war positiv – zum Glück, denn die mentale Beeinflussung

1.3 Mentaltraining als alltägliches Phänomen

fand ja aus Versehen statt. Es kann aber auch anders verlaufen: Nehmen wir an, Sie machen um kurz nach 17 Uhr tatsächlich einen Umweg zum Supermarkt, um den erhofften Feierabend genau so zu verbringen, wie Sie ihn mental visualisiert haben. Doch nun läuft es etwas anders als erwartet. Es regnet plötzlich in Strömen, und Sie haben für die Fahrt mit dem Rad keine Regenbekleidung parat. Klatschnass und durchgefroren kommen Sie um 17.30 Uhr im Supermarkt an. Sie stellen fest, dass Ihre Lieblingssorte Kartoffelchips ausverkauft und die Kühlung der Getränkeabteilung ausgefallen ist. Und nun sehen Sie, dass nur eine Kasse geöffnet ist. Die Warteschlange zieht sich gefühlt durch das halbe Geschäft und ganz vorn steht jemand, dem gerade ein volles Portemonnaie runtergefallen ist. Jetzt den Markt mit leeren Händen zu verlassen, ist wegen des Regens keine wirklich sinnvolle Alternative. In Gedanken sagen Sie sich so etwas wie: „Na toll, das habe ich mir jetzt aber echt anders vorgestellt!" Den Gegebenheiten im Supermarkt folgen Gefühle, die irgendwo zwischen Frust und Enttäuschung angesiedelt sind.

Die um 16 Uhr aufgekeimte Motivation und Hoffnung auf einen entspannten Feierabend vor dem Fernseher mit Getränk und Snack ist gänzlich zunichte gemacht worden. Aber wodurch? Natürlich durch das Wetter und die Gegebenheiten im Geschäft, werden Sie wohl denken. Doch so ist es nicht. Natürlich ist es leicht – wenn nicht sogar eine Gewohnheit –, seine mentale Verfassung (sprich die Mentalität) auf das Äußere zu schieben. Wer bekommt nicht schlechte Laune, wenn das Wetter schlecht oder der Supermarkt überfüllt ist? Doch das Innenleben hängt nicht nur – und vielleicht sogar nur zu Bruchteilen – von äußeren Umständen ab.

Schauen Sie bitte einmal genauer hin, was um 17.30 Uhr mental passiert. Der Gedankentext „Na toll, das habe ich mir jetzt aber echt anders vorgestellt!" ist nicht gerade motivierend. Man könnte ja auch denken: „Ach komm, ich schaue einfach in einem anderen Geschäft nach." Oder: „Dann nehme ich eben was anderes Leckeres und hoffe, dass das Warten an der Kasse so lange dauert, bis es aufhört zu regnen." Auch die Bilder, die passend zu den Gedanken auftauchen – diesmal in echt und nicht nur vor dem geistigen Auge –, sind nicht das, was man sich vorgestellt hatte. Die Wahrnehmung ist also auf leere Regale, warme Getränke und lange Warteschlangen fokussiert. Und die körperliche und emotionale Gefühlswelt bewegen sich zwischen frieren und frustrieren. Das erhoffte wohlige Gefühl des Entspannens auf der Couch und der Geschmack der visualisierten Köstlichkeiten werden – unbewusst – verdrängt, und es entsteht Platz für negative Wahrnehmungen.

Und auch hier passiert nichts anderes, als dass eine Gedanke-Gefühl-Kombination ein Verhalten ausgelöst hat. Das Verhalten ist in diesem Falle eine Reaktion, und zwar der innere Prozess von Vorfreude zu Frust. Und genau das ist erstens wieder ein Stück weit Mentaltraining, zweitens ein unbewusst verlaufenes und drittens eines mit einem negativen Ergebnis. Dass das Äußere für diesen negativen Prozess verantwortlich ist, ist eigentlich ein Trugschluss. Natürlich wären Sonnenschein und die Erfüllung aller Erwartungen das Nonplusultra, aber letztendlich findet ein mentaler Prozess statt, der über eine Gedanke-Gefühl-Kombination zu einem entsprechenden Verhalten bzw. zu einer entsprechenden Reaktion führt.

Mentaltraining – gemeint als die Veränderung mentaler Zustände – ist somit ein alltägliches Phänomen. Allein wenn der Leser den mentalen Vorgang dieses Supermarkt-Beispiel nachvollziehen kann, ist das bereits eine Art Mentaltraining, und zwar die sog. Als-ob-Technik. Bei dieser Technik denkt man sich in vergangene, zukünftige oder in rein fiktive Situationen intensiv hinein, so als wären sie echt. Das gelingt den Neuronen des Gehirns selbst ohne vorbereitendes Training sehr gut und hat direkte physiologische Reaktionen zur Folge. Im angelsächsischen Sprachraum ist die Technik unter dem Slogan „Fake it, til you make it" sehr populär.

Aufgabe

Überlegen Sie bitte, in welchen Situationen Sie sich mental auf diese Weise bewusst oder unbewusst beeinflusst haben. Versuchen Sie zu differenzieren, welche Gedanken, Bilder und Gefühle Sie dabei hatten sowie ob das Ergebnis positiv oder negativ war.

1.3 Mentaltraining als alltägliches Phänomen

Weitere Beispiele für alltägliches (d. h. unbewusstes aber positives) Mentaltraining sind:

- Sich im inneren Dialog Mut oder Motivation für eine Aufgabe zusprechen
- Bewusst positiv über ein vermeintlich negatives Ereignis nachdenken.
- Eine künftige Situation (Sportwettkampf, Business-Meeting, Konfliktgespräch, Feierabend, etc.) und deren optimalen Verlauf mental ausmalen
- Absichtlich ein positives Gefühl (z. B. durch den Gedanken an eine schöne Situation) hervorrufen
- Absichtlich ein negatives Gefühl (z. B. Angst, Frust) durch Erzeugung ablenkender Gedanken ausblenden
- Sich zu einer Tätigkeit motivieren, die Überwindung erfordert

Menschen, die eine dieser Formen für sich nutzen, wissen durchaus, dass dies eine mentale Veränderung zur Folge hat. Sie würden es aber höchstwahrscheinlich nicht explizit als Mentaltraining oder als psychologische Intervention bezeichnen – doch technisch gesehen ist es genau das, und zwar eben eine mögliche Form davon. Der Kern aller nur denkbaren Formen und Methoden des Mentaltrainings ist immer eine im besten Falle bewusste Gedanke-Gefühl-Bild-Kombination, die ein zielgerichtetes Verhalten erzeugt.

Mentaltraining

- Absichtliche Fokussierung auf bestimmte Gedanken (innerer Dialog)
- Bewusste Steuerung von inneren Bildern, Gefühlen und Emotionen
- Erzeugung eines bestimmten Verhaltens

Dreiklang des Mentaltrainings

2

Gedanken und Gefühle begleiten den Menschen meist den ganzen Tag. Und manchmal tauchen auch Bilder oder „Visionen" im Kopfkino auf. Doch nur selten nimmt man sich Zeit, um in Ruhe über seine Wahrnehmungen nachzudenken oder um diese bewusst zu steuern. Zumindest wenn es um essenzielle Dinge geht, die man im weitesten Sinne entweder als Ziel oder als Problem bezeichnen würde, kommen das konzentrierte und bewusste Denken und Fühlen schnell an gewisse Grenzen – vom bewussten Visualisieren ganz zu schweigen. Nur allzu gern lässt man sich dann von vermeintlich wichtigeren Dingen wie zum Beispiel dem Wohnungsputz ablenken. Zumindest die Klientel, die bereit ist, Geld für einen Berater zu bezahlen, schafft es nicht immer, sich alleine über Ziele klar zu werden oder gar Lösungen für Probleme zu erdenken.

Mentaltraining zielt somit unabhängig von seiner letztendlichen Beratungsform, z. B. Coaching, Training, Schulung, immer auf ein Metaziel hin: Veränderung! Ganz gleich, was die Themen und Anliegen eines Klienten sind, derentwegen er einen

---

Elektronisches Zusatzmaterial Die elektronische Version dieses Kapitels enthält Zusatzmaterial, das berechtigten Benutzern zur Verfügung steht https://doi.org/10.1007/978-3-662-61678-9_2. Die Videos lassen sich mit Hilfe der SN More Media App abspielen, wenn Sie die gekennzeichneten Abbildungen mit der App scannen.

© Springer-Verlag GmbH Deutschland, ein Teil von Springer Nature 2020
M. Sutoris, *Mentale Coaching-Tools für das Personaltraining*, https://doi.org/10.1007/978-3-662-61678-9_2

Berater, Trainer oder Coach aufgesucht hat, er schafft es nicht, ein Ziel zu definieren oder zu erreichen bzw. ein Problem zu lösen. Egal was nun der genaue Inhalt dessen ist, er sucht nach einer Veränderung seiner jetzigen Situation. Grob gesagt geht es um den Unterschied zwischen dem Ist und dem Soll – und das ist schlichtweg Veränderung. Damit ist die übergeordnete Aufgabe jedes Beraters klar umrissen: Es geht um die Unterstützung auf dem Weg zur Veränderung.

Ich definiere funktionierende Veränderung als eine wechselseitige Kombination der Aspekte Gedanke, Bild und Gefühl, die zu einer Verhaltens- und ggf. Denkveränderung führt. Und da es drei Aspekte sind, markiert der Begriff „Dreiklang" die Bedeutung sehr treffend. Das Wort „Dreiklang" stammt aus der Musik und kennzeichnet drei Töne, die zusammengenommen einen Akkord erklingen lassen. Je ausgewogener die drei Töne zueinander stehen, umso harmonischer klingt der Akkord. Im übertragenen Sinne heißt das, dass sich die Veränderung harmonischer ins Leben des Klienten einfügt, wenn diese drei Aspekte individuell auf ihn abgestimmt sind.

Man braucht nicht zwingend ein theorielastiges Psychologiestudium, Charakter-Profiling-Tools oder Methodendiagnostik, um Menschen grundlegend zu verstehen und ansatzweise kompetent beraten zu können. Die Themen und Anliegen eines Menschen lassen sich ganz einfach in zwei Gruppen einteilen. Die erste Gruppe an Themen und Anliegen ist folgendem Bereich zuzuordnen: Man hat etwas, was man nicht will – zum Beispiel ein ungelöstes Problem, eine Krankheit, einen Konflikt, ein ungeliebtes Verhalten oder Stress. Die zweite Gruppe ist einem gegenteiligen Bereich zuzuordnen: Man will etwas, was man nicht hat – zum Beispiel eine bessere Fitness, mehr Gesundheit, mehr Zufriedenheit, einen besseren Job, eine neue Fähigkeit oder ein unerreichtes Ziel. Die Lösung beider Probleme kann durch zahlreiche unterschiedliche Methoden, Techniken, Beratungsansätze, Inhalte oder Prozesse herbeigeführt werden. Die Kooperation des Klienten vorausgesetzt, führen alle Wege zur Besserung über das Metaziel der Veränderung. Das sind somit Kernprobleme des Menschen und entsprechend Sinn und Zweck sowie letztendlich der Nutzen einer Beratung (Abb. 2.1).

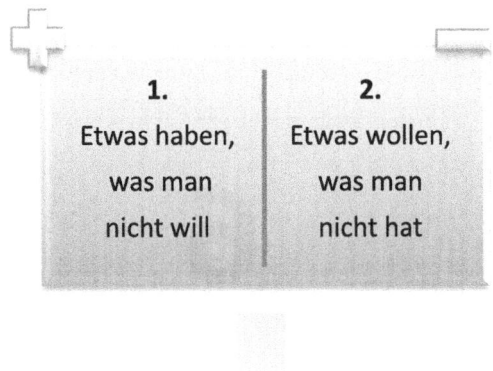

Abb. 2.1 Die zwei Kernprobleme des Menschen

Man überlege sich einmal, wie viele Gedanken man sich täglich über Phänomene macht, die ganz streng genommen eher unwichtig sind. Zum Beispiel steht man morgens minutenlang vor dem Kleiderschrank und überlegt, was man anziehen soll. Eine relativ große Menge an Gedankenenergie und Lebenszeit wird auf die Auswahl der Kleidung, deren Kombinationsmöglichkeiten, die Wettervorhersage, das Feedback des Ehepartners zur letztendlichen Kleidungsauswahl sowie eine zur Kleidung passende Uhr, Frisur, Jacke oder Tasche verwendet. Doch über die wichtigen Gedanken denken viele mangels Zeit und Raum – und womöglich mangels entsprechenden Know-how – nicht nach.

Im Vergleich dazu möchte ich daher anregen, darüber nachzudenken, wie viele Gedanken man sich eigentlich über seine Gedanken macht. Wählt man seine Gedanken bewusst aus? Zieht man willentlich positive Gedanken den negativen vor? Lässt man sich von guten Gefühlen leiten, oder ist man umgekehrt seiner

Abb. 2.2 Eine 6 malen (1:10 min). Diese Übung demonstriert, wie sich Gedanken auf das Verhalten bzw. auf Gewohnheiten auswirken. Hören Sie bitte die Audiodatei und führen direkt dabei die Übung aus. (© Eigens/stock.adobe.com) https://doi.org/10.1007/000-0s5

Gefühlslage eher passiv ausgeliefert? Ich würde sagen, wenn der Mensch ein wenig mehr Klarheit über sein Innenleben hätte und seine „Mentalität" zielgerichtet steuern würde, wäre das für seine Entwicklung deutlich konstruktiver (Abb. 2.2).

2.1 Umsetzung des Dreiklangs in der Arbeit mit Klienten

Was hat dieser Dreiklang nun für eine Bedeutung, wenn es um die Erzeugung von Veränderung im Leben bzw. bei einem Thema Ihres Kunden geht? Veränderung, die letztendlich funktioniert, bezieht immer alle drei „Töne" dieses Dreiklangs mit ein (Abb. 2.3)! Und das ist zugleich *die* zentrale Information in diesem Buch. Egal, wie man seine Rolle oder sein Selbstbild als Trainer und Berater definiert bzw. ausfüllt – funktionierende Veränderung geschieht immer über diese drei Aspekte des

2.1 Umsetzung des Dreiklangs in der Arbeit mit Klienten

Abb. 2.3 Dreiklang der Veränderung als Kern des Mentaltrainings

Dreiklangs. Ob man direktiv oder nondirektiv vorgeht, ob man Personal Trainer, Life Coach oder Ernährungsberater ist, ist es äußerst hilfreich, dieses Konzept in seine Arbeit zu integrieren.

Ein Beispiel: Nehmen wir an, Sie sind Personal Trainer, und Ihr Kunde bittet Sie um die typischen Anliegen, die ein Personal-Training-Kunde klassischerweise hat. Er will Gewicht reduzieren, Fett abbauen, etwas Muskelmasse aufbauen, allgemein fitter werden, seine Ernährung verbessern sowie vielleicht noch allgemein motivierter und zufriedener werden. Wenn Sie ihm nun einfach sagen, dass er mehr Sport machen soll, mit welchen Übungen er das tun soll bzw. welche Sportarten zu ihm passen, dass er abends, statt Serien zu schauen, zum Sport gehen soll und dass er statt Schokolade eher Salat essen soll, dann ist das zwar eine gut gemeinte und zielführende Vermittlung professionellen Wissens – aber wird er daraufhin sein jahrelang antrainiertes Verhalten ändern, nur weil Sie ihm etwas gesagt oder gezeigt haben?

Ein anderes Beispiel: Wird ein Raucher aufhören zu rauchen, nur weil Sie ihm gesagt haben, dass es tödlich und teuer ist und ihn daran hindert, gesünder zu sein? Wohl eher nicht.

Wenn Sie bei diesem Kunden nun den Dreiklang einsetzen, der im Grunde in Form eines kurzen und sehr Fragen orientierten Gesprächs stattfindet und bei dem der Kunde gar nicht merken wird, dass Sie in diesem Moment ein Mentaltraining mit ihm machen, könnte Ihre Arbeit in etwa wie folgt aussehen:

- Gedanken:
  - Fragen Sie ihn, warum und wozu diese Ziele für ihn wichtig sind. Was könnte dagegen sprechen, diese zu erreichen? Über welche Fähigkeiten verfügt er, um das Ziel aus eigener Kraft anzusteuern? Mit Fragen regen Sie seine Selbstreflexion und Offenheit an. Es ist nicht für jeden Menschen gleichermaßen wichtig, motivierend oder interessant, genau diese Ziele zu erreichen. Durch Fragen gewinnen Sie viele individuelle Informationen, die Sie später noch einbauen können. Da die Antworten direkt aus der innersten Psyche des Klienten kommen, erhalten Sie sowie auch der Klient wichtige persönliche Informationen, die Veränderung entweder ermöglichen können bzw. bislang verhindert haben.
  - Geben Sie ihm Gedanken in Form von sog. Mantras vor, die ganz individuell zu seinen („problemerzeugenden") Gedanken passen, z. B.: „Auch wenn ich manchmal nicht glaube, dass ich es schaffen kann oder einmal das Training geschwänzt habe, so habe ich immer wieder die Möglichkeit, auch in kleinen Schritten voranzukommen, wenn ich das will." Diese Mantras können Sie auch zusammen mit dem Klienten formulieren, sodass er sich damit identifizieren kann. Schreiben Sie die Mantras dann auf Klebezettel und hängen diese an relevante Orte, z. B. auf die Kühlschranktür, neben den Spiegel im Badezimmer oder an das Schuhregal. So können diese Sprüche die Gedanken des Klienten in kritischen Situationen zielführend lenken.

- *Bild:* Anhand dieser gesammelten Informationen, können Sie ein Zielbild für den Klienten konstruieren. Die Grundidee hinter mentalen Bildern, sog. Visualisierungen, ist die populäre Erkenntnis, dass ein Bild mehr sagt als tausend Worte. Daher wird in der Psychologie gerne und sehr erfolgreich etwa mit inneren Bildern, Suggestionen, Visualisierungen und Symbolen gearbeitet.

2.1 Umsetzung des Dreiklangs in der Arbeit mit Klienten

- Angenommen, der Klient will mit seinem Ziel und mit Ihrer Hilfe seine Strandfigur für den nächsten Sommerurlaub deutlich verbessern. Bitten Sie ihn dann, sich ganz konkrete Bilder vor dem geistigen Auge vorzustellen. Diese Bilder sollen so ausgemalt werden, als ob er sein Ziel schon erreicht hätte. Wenn Sie ihn mental in die Zukunft beamen könnten, wie würde er sich selbst sehen? Geben Sie ihm Bilder vor, wie er in Zukunft aussieht, was er am (Lieblings-)Strand tut, welches positive Feedback er aufgrund seiner Zielerreichung und Veränderung hören kann, wie gut er sich dabei fühlt, so einen tollen Zustand zu haben, was er denkt, wenn er dann vor dem Spiegel steht und wie lecker eigentlich ein gesundes bzw. kalorienarmes Essen sein kann etc.
- Je detailreicher das Bild wird und je genauer es zu seinen vorab erwähnten Gedanken und Mantras passt, umso mehr wird ihn das Bild motivieren, sein Verhalten so zu ändern, dass er das noch imaginäre Ziel auch wirklich erreichen will und kann. Bauen Sie alle Sinne in sein Bild ein: Sehen, Hören, Fühlen und ggf. Riechen sowie Schmecken. Ebenso ist es deutlich wirkungsvoller, wenn das konstruierte Bild ein Zukunftsszenario zeigt.
- *Gefühl:* Fordern Sie den Klienten auf, das Gefühl genau wahrzunehmen und zu beschreiben, das er bei der Visualisierung dieses erreichten Zielbildes verspürt. Bitten Sie ihn dann, das Gefühl bewusst zu verstärken, sodass er es von den Zehen bis zum Kopf intensiv wahrnehmen kann – so, als wäre er „high".

Gefühle sind oft das i-Tupfelchen, wenn es darum geht, Entscheidungen zu fällen oder etwas zu beginnen, womit man sich bislang noch nicht sicher war. Insofern sind Gefühle und Emotionen gewissermaßen Prüfkriterien, die anzeigen, ob ein Klient etwas wirklich will. Befindet er sich bei der Visualisierung des erreichten Zielzustands in einem erkennbar positiven Zustand, so wird er sich höchstwahrscheinlich motiviert genug fühlen, um erste Schritte oder gar den ganzen Weg zu gehen. Diese Prüfkriterien zeigen sich primär durch die nonverbale Körpersprache.

Wie Sie sehen, wirkt so ein Vorgehen direkt ganzheitlicher, intensiver und psychologisch „anders", als dies eine belehrende Ansage – um nicht zu sagen eine gut gemeinte Wissensvermittlung – zu leisten vermag. Zudem wird durch diesen Dreiklang die Fähigkeit der Selbstverantwortung und -disziplin konstruktiv angeregt.

Noch besser wird diese Intervention funktionieren, wenn Sie vorab eine ausführliche Anamnese oder Exploration durchgeführt haben und Kommunikationsmethoden wie das Herstellen von Rapport oder die Anwendung von Fragetechniken und nonverbalen Möglichkeiten einsetzen.

Ebenso ist es hilfreich – aber nicht zwingende Voraussetzung –, dieses Gespräch nicht nebenbei zu führen, sondern bewusst im Rahmen eines sog. Setting als Intervention anzuleiten. Das bedeutet, dass sich der Klient entspannt, die Augen während der Imagination schließt und vorab genau von Ihnen informiert wird, was er sich gleich mental vorstellen soll und warum er das tun soll. Doch zu diesen Punkten erfahren Sie in Kap. 5 mehr.

Aufgabe

Lesen Sie noch einmal das Supermarkt-Beispiel in Abschn. 1.3 und überlegen Sie:

- Wie würden Sie persönlich einen frustrierten Mitarbeiter eine Stunde vor seinem Feierabend anhand dieser drei Aspekte motivieren, durchzuhalten und wieder in einen optimistischen Zustand zu wechseln, wenn er das von sich aus nicht schafft?
- Wie würden Sie selbst mithilfe des Dreiklangs Ihre Einstellung verändern, wenn Sie einmal von etwas genervt sind? Wie würden Sie die drei Aspekte bei sich selbst anwenden, und mit welchen Inhalten würden Sie diese füllen?

2.1.1 Steuerung der Gedanken

Die Gedanken des Menschen stehen niemals still. Diese jedoch bewusst zu steuern und zu regulieren, ist Ziel des Mentaltrainings. Es kann ganz leicht trainiert werden, negative Gedanken durch positive Gedanken zu ersetzen. Es existieren mehrere psychologische Interventionen (z. B. Autosuggestion, Affirmation), mit der die Gedanken gesteuert werden können. So ist es unter anderem machbar, einschränkende Gedanken aufzulösen, positive Gedanken zu fokussieren oder solche Gedanken, die sich immer wieder und belastend um Probleme drehen, zu verändern.

Eine entsprechende und sehr einfache Technik (der sog. Gedankenstopp) erlernen Sie in Abschn. 4.5. Doch allein schon durch das Bewusstwerden und Hinterfragen aktueller Gedanken – also ohne den Einsatz einer vorgefertigten Technik – ist man eigentlich schon ganz leicht in der Lage, die Gedanken zu regulieren. Nur muss man es eben bewusst tun und sich Gedanken über seine Gedanken machen, anstatt diese einfach passiv hinzunehmen, wenn man Ziele erreichen möchte.

Den Gedanken folgen Gefühle und Handlungen. Und diese führen im Leben wiederum zu Erfolgen bzw. auch zu Misserfolgen. Die Ganzheit der Gedanken fasst alles zusammen, was die begrifflichen Konzepte Mindset, Denkschubladen, Glaubenssätze, Mentalität oder auch innerer Dialog (im Mentaltraining eher subvokales Training genannt) einschließen. Man unterscheidet zwischen nützlichen und einschränkenden Gedanken, und genau dieses Verhältnis gilt es zu regulieren.

Ebenso können Gedanken durch das Erzeugen bestimmter innerer Bilder (Abschn. 2.1.2) geleitet werden. Wenn man beispielsweise in einem akuten Moment der beruflichen Überforderung ganz konkret Bilder seines letzten Urlaubs mental erinnert, wird es einem gleich besser gehen.

Gedanken sind sozusagen die „Software", welche die „Hardware Mensch" durchs Leben steuert. Und wie auch bei einem Computer kann diese Software manchmal aufgrund falscher Programmierung oder Infizierung mit Viren einmal nicht das tun, was eigentlich zielführend und gewünscht wäre. Durch klar formulierte Wordings und deren mentalen Abruf kann der Klient somit seine Gedanken und Handlungen beeinflussen. In IT-Sprache übersetzt würde das bedeuten, dass die Software eine Neuprogrammierung oder ein Update bekommt. Am besten funktioniert dies in der Arbeit mit Klienten, wenn man gemeinsam Updates für den inneren Dialog formuliert und diese an zentralen Orten in seiner Wohnung oder an seinem Arbeitsplatz sichtbar positioniert. Das können unter anderem Klebezettel sein, die an der Süßigkeitenschublade angebracht werden mit der Textbotschaft: „Wenn du jetzt wie bisher zugreifst, ist eine Woche hartes Training und Zähne zusammenbeißen für die Katz gewesen. Willst du das wirklich? Dort drüben liegt ein leckerer Apfel bereit – nimm den!" Wie bereits Albert Einstein treffend definierte: „Materie ist geronnener Geist." Das heißt, Gedanken erzeugen Realität. Das, was wir denken – dies können Worte oder etwas Audiovisuelles sein (Kap. 3) –, schafft die Grundlage für die Realisierung einer bzw. seiner Zukunft. Positive Gedanken erschaffen eine positive Zukunft bzw. positive Ergebnisse und negative Gedanken entsprechend das Gegenteil. Positive Ergebnisse erzeugen wiederum neue positive Gedanken, wodurch sich ein wechselseitiger Kreislauf ergibt (Abb. 2.4).

> **Praxisbeispiel**
>
> Ein Klient hatte Angst vor einem Vortrag, den er vor mehreren Vorgesetzten halten musste. Sein Gedankentext lautete wörtlich: *„Das Letzte,* was ich will und tun werde, ist, Vorträge zu halten." Er war in dieser Aufgabe noch nicht sonderlich erfahren, aber irgendwie reizte es ihn, und er musste es tun. Gleichzeitig hatte er mit Angst, Lampenfieber und belastenden Gedanken zu kämpfen. Das Besondere an seinem inneren Dialog war, dass er die Worte „Das Letzte" mit einem Beigeschmack höchster Abfälligkeit betonte, wenn er darüber sprach.
> Die Neutralisierung dieser paraverbalen Konnotation von abfällig hin zu einer neutralen Betonung sorgte dafür, dass

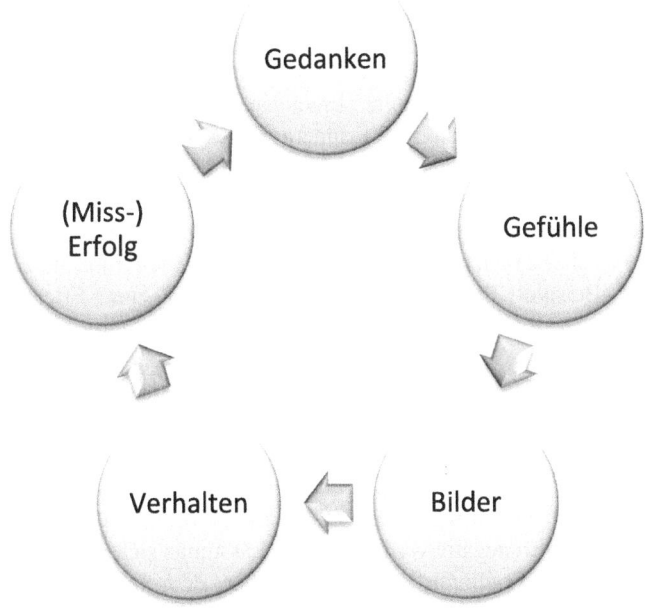

Abb. 2.4 Kreislauf von Gedanken und Ergebnissen

er eine neutrale Einstellung zum Thema entwickelte. Seit mittlerweile einigen Jahren hat er einen Job, in dem er fast täglich Vorträge und Präsentationen hält – und das mit großer Freude und mit Erfolg. Die abfällige Bedeutung von „Das Letzte" wurde zu einer neutralen Aussage ohne besondere Betonung, sodass die eigentliche, neutrale Bedeutung dieses Gedankens klar zum Vorschein kam: Vorträge zu halten, ist aus seiner Sicht einfach nur die *letzte* berufliche Herausforderung, die seine Bestimmung ausmacht, wenn er das annimmt – danach folgt so schnell keine Steigerung mehr, denn er hat ja das letzte, finale Ziel erreicht, indem er Vorträge souverän hält. ◄

2.1.2 Steuerung der mentalen Bilder

Mentale Bilder sind sog. Visualisierungen oder, vereinfachend genannt, Visionen (Abb. 2.5). Man steuert seine innere Verfassung über das gezielte Erzeugen von fiktiven Bildern oder alternativ durch das Erinnern realer Erlebnisse, Dinge, Menschen etc. Leider wird die Möglichkeit des Visualisierens im Alltag der Menschen im Vergleich zur Steuerung von Gedanken oder Gefühlen wenig bis gar nicht genutzt. Dabei steht ein sehr großes Potenzial zur Verfügung. Nicht ohne Grund nutzen zum Beispiel Profisportler das Visualisieren zum Erlernen komplexer Bewegungen oder zur mentalen Vorbereitung eines Wettkampfes. Genauso nutzen es Redner, um sich auf einen souveränen Auftritt ohne Lampenfieber vor vielleicht 500 oder noch mehr Zuhörern vorzubereiten. Wenn man sich zum Beispiel über einen Misserfolg ärgert, sieht die ganze Welt sprichwörtlich duster aus, und man hat möglicherweise einen Film im Kopfkino präsent, der einem detaillierte Bilder davon zeigt, wie der restliche Tag auch negativ verlaufen wird. Lässt man sich von diesen Bildern „manipulieren", oder wirkt man dem mit konträren Visualisierungen bewusst proaktiv entgegen, wenn man Ziele erreichen möchte?

Eine besonders intensive und nachhaltige Wirkung haben diese Bilder, wenn sie ein fiktives Zukunftsszenario zeigen, das der „Denker" in einer gewissen Zeitspanne ganz real

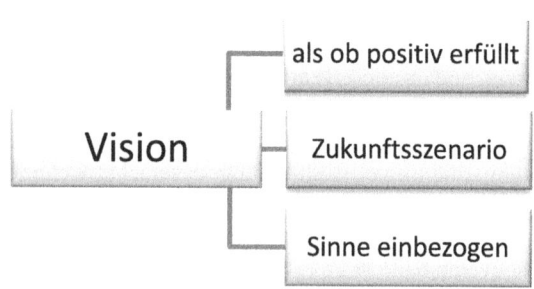

Abb. 2.5 Konstruktion eines mental nützlichen Bildes (Vision)

erleben möchte. Entwickelt ein Kunde, der sein Körpergewicht reduzieren möchte, ein mentales Zukunftsszenario von seinem bereits erreichten Ziel, so könnte er sich als schlanke, attraktive, gesunde, glückliche Person visualisieren. Diese Visualisierung kann ein großer Motivationskick sein und entsprechende Handlungen auslösen sowie über eine Zeit der Demotivation hinweg tragen. Das Bild wirkt umso inspirierender, wenn es positiv gestaltet ist, sodass der Klient es gut annehmen kann bzw. es genau so in natura erleben möchte.

Zudem können diese Bilder noch weitergehend intensiviert werden, wenn alle Sinneskanäle einbezogen werden: Sehen (visuell), Hören (auditiv), Fühlen (kinästhetisch, taktil), Riechen (olfaktorisch) und Schmecken (gustatorisch). Fragen Sie Ihre Klienten bei der Visualisierung z. B. Folgendes: „Mal angenommen, du hast dein Ziel – schlank, sportlich, glücklich sein – in einer gewissen Zeit erreicht. Wie siehst du dich dann, wenn du vor dem Spiegel stehst, und wie nehmen dich andere Menschen wahr *(visuell)*? Was werden sie zu dir sagen, und was passiert in deinem inneren Dialog *(auditiv)*? Wie gut wird es sich für dich anfühlen, so auszusehen und das Ziel in bester Weise erreicht zu haben *(kinästhetisch)*? Und vielleicht gehört zu deinen inneren Bildern noch ein Geruch oder Geschmack *(olfaktorisch, gustatorisch)*, ggf. in Form einer Belohnung, vielleicht ein tolles Abendessen gemeinsam mit deinem Lieblingsmenschen?" Sie werden beobachten können, wie sie mehr und mehr in ihren Gedanken abtauchen und eine positive Stimmung und Körpersprache entwickeln.

Im Mentaltraining existieren darüber hinaus auch ganz andere Bilderzeugungsverfahren. So werden je nach Bedarf Visualisierungen von inneren Mentoren, die einem Mut zusprechen, erzeugt oder von anderen Symbolen, die zu einem bestimmten Verhalten oder Denken motivieren. Beispielsweise stellt sich ein Boxer vor einem Wettkampf vor, dass er ein Tiger ist, der seinen Gegner wie dessen Beute zerfleischt, und wie ihm ein selbst gewählter, virtueller Mentor (vielleicht ein weltberühmter Boxer, den er gar nicht persönlich kennt) dabei noch Tricks für den Kampf verrät. Hier haben Fantasie und Kreativität keine Grenzen – alles, was der Klient an Bildern positiv annehmen kann, wird zu einer Wirkung führen. Ebenso können innere Anteile wie zum Beispiel der im Volksmund wohlbekannte „innere Schweinehund" visualisiert werden.

Eine weitere und ganz einfache Möglichkeit des Visualisierens ist das sog. Visionboarding. Die Bilder entstehen hierbei jedoch nicht im Kopf, sondern ganz real auf einer Collage. Jegliche Bilder, Fotos, Grafiken, Postkarten sowie auch Texte, die einen positiv beeinflussen, werden ausgeschnitten bzw. ausgedruckt und dann gut sichtbar an die Wand, auf ein großes Papier oder auf ein Brett aufgeklebt. Diese Collage hängt man an einem Ort auf, der so oft wie möglich einsehbar ist, um die motivierende Wirkung zu genießen. Wenn Sie als Personal Trainer, Life Coach oder Ernährungsberater mit einem Klienten arbeiten, der gesünder und muskulöser werden will, so könnte man zum Beispiel Fotos von Fitness-Models aus Lifestyle-Magazinen an sein Visionboard heften.

Praxisbeispiel

Ein Klient hatte akute Kopfschmerzen. Auf die Frage „Angenommen, Ihr Kopfschmerz hat eine Form oder Farbe, wie nehmen Sie den Schmerz dann wahr?" antwortete er, dass er den Kopfschmerz als handgroßes, flaches, blaues, spitzes Viereck wahrnimmt, das sich direkt in seinem Kopf befindet. In einer daraufhin spontanen und kreativen Visualisierung sollte er sich ausmalen, wie er dieses blaue Viereck ganz plastisch aus seinem Kopf herauszieht, um den Schmerz einfach zu entfernen. Er nahm die Hände zur Schläfe und „zog" dieses imaginäre Ding aus seinem Kopf heraus. Dabei sollte er sich die Größe, das Gewicht, die Beschaffenheit etc. genau vorstellen, so, als ob er es wirklich in der Hand hält. Anschließend warf er es symbolisch aus dem Fenster und stellte sich vor, wie sein Kopf ohne das blaue Viereck darin aussieht. Nach dieser etwa einminütigen Intervention waren die Kopfschmerzen gänzlich verschwunden. ◄

2.1.3 Steuerung der Gefühle und Emotionen

In unserer Kultur wächst man auf mit Ansagen wie „Indianer kennen keinen Schmerz", „Jungs weinen nicht" oder „Hab keine Angst". Diese Befehle, von denen Erziehung und Sozialisation voll sind, verinnerlicht das Unterbewusste irgendwann, und sie werden zu einem Denkprogramm oder zu einem Algorithmus der mentalen Software. Damit beeinflussen sie unbewusst die Gedanken und folglich auch die eigenen Handlungen und Ergebnisse, die man im Leben erzielt. Diese erzieherischen und vielleicht sogar gut gemeinten Ansagen führen letztendlich dazu, dass man kaum die Möglichkeit bekommt, seine Gefühle und Emotionen zu verstehen. Jeder hat mal Gefühle unterdrückt oder wurde von ihnen übermannt.

Im Mentaltraining geht es darum, die Gefühle und Emotionen so zu steuern bzw. zu nutzen, dass sie einen bei der Erreichung von Zielen unterstützen. Sie sind nicht nur ein Prüfkriterium für Entscheidungen und Wahrnehmungen, sondern auch Grundlage der Intuition. Gefühle und Emotionen gilt es zu kennenzulernen, zu verstehen und zu nutzen – dies gilt sowohl für den zu beratenden Klienten als auch für seinen Coach.

Die Unterscheidung von Gefühlen und Emotionen spielt ebenfalls eine Rolle. Psychologen beschreiben mit dem Wort „Gefühl" eher eine mentale Wahrnehmung wie Freude, Angst, Hoffnung und Liebe. Eine Emotion hingegen ist zunächst nicht mehr als eine Körperempfindung, z. B. ein Hitzegefühl an der Stirn, ein Zittern im Knie oder eine Gänsehaut. In der Regel werden Emotionen durch äußere Reize ausgelöst, und das Gehirn verarbeitet die folgende Körperempfindung zu einem Gefühl. Beides wird im Mentaltraining genutzt. So kann man einerseits ganz offen über Gefühle kommunizieren. Selbst für Klienten im Personal Training, die nicht unter einer Depression oder unter anderen psychischen Krankheiten leiden, ist die Kommunikation über Gefühle eine sehr wertvolle Reflexion der eigenen Persönlichkeit. Andererseits kann man Emotionen, wie eine „wohlige Wärme im Bauch" hervorragend so visualisieren, dass sich diese Wahrnehmung im ganzen Körper ausbreitet und den Klienten mental noch mehr auf sein Ziel einstellt. Es gibt ihm eine gefühlte Sicherheit und zusätzliche Motivation, wenn zu erreichende Ziele mit positiven Empfindungen verknüpft sind.

In der psychologisch orientierten Zusammenarbeit mit Klienten erlebt man oft, dass es viele sog. Kopfmenschen gibt. Sie denken sehr kognitiv und logisch. Ihre Zielsetzung folgt meist objektiven Kriterien, die vermeintlich optimalen Vorgaben gerecht werden, nicht aber individuellen Maßstäben. Man hört in der Beratung oft Aussagen wie: „Es wäre doch das Beste, wenn ich xyz erreichen würde – ja, genau das will ich wirklich!" Die Folge, wenn man seine Individualität und persönliche Gefühlslage nicht in Zielsetzungen implementiert, ist, dass sich der Weg zum Ziel oft sehr hart gestaltet und viel Energie kostet. Nicht selten geht die Motivation auf halber Strecke verloren, und es nicht klar, warum man sich denn die Mühe für dieses Ziel machen soll. Oder man hält verbissen bis zum Ende durch und fällt nachher vor Erschöpfung in eine längere Schaffenspause. Hätten diese Kopfmenschen mehr auf ihr Gefühl gehört, wären sowohl die Zieldefinition als auch der Weg zum Ziel sowie letztendlich die Erreichung viel passender zum individuellen Lebenskonzept ausgefallen. Es stünde mehr Energie zur Verfügung, und man hätte eher das Gefühl, das zu tun, was man wirklich will, anstatt vermeintlichen Soll-Vorgaben hinterherzulaufen. Dabei geht es nicht immer pauschal um die Findung des großen Lebensziels, sondern auch um ganz banale Ziele, die sich Menschen setzen. Natürlich „sollte" jeder Mensch schlank und sportlich sein, sich gesund ernähren usw. Aber „will" das auch jeder? Haben Sie sich schon mal gefragt, ob Ihr Klient vermeintlich positiven Zielen hinterherläuft oder ob er wirklich weiß, was er will? Und woran erkennt er, was er wirklich will? Meist ist es das Gefühl, eine Emotion oder die Intuition, die das Zünglein an der Waage ausmachen. Und ebenso wie sich Gedanken und Bilder gegenseitig beeinflussen, kann man auch durch die positive Regulation der Gefühle und Emotionen eine Wechselwirkung auf Gedanken und Bilder erzeugen (Abb. 2.6).

2.1 Umsetzung des Dreiklangs in der Arbeit mit Klienten

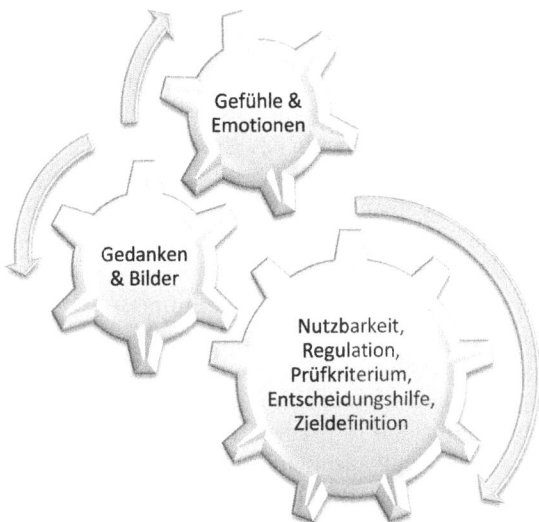

Abb. 2.6 Nutzbarkeit und Wechselwirkung der Emotionen und Gefühle

Praxisbeispiel

Eine Klientin kommt aufgrund familiärer Probleme auf die Idee, zurück in ihr Heimatdorf zu ziehen. Sie lebt momentan alleinerziehend in einer attraktiven Großstadt und ist sozial sehr gut vernetzt. Das Heimatdorf ist über 300 km entfernt, und bis auf ihre Mutter kennt sie dort niemanden mehr. Ihr Kopf „versuchte", sie von einem Umzug zu überzeugen und lieferte Argumente, warum dort – trotz Einöde und sozialer Isolation – für sie persönlich alles besser würde als in der Großstadt. Ihr Gefühl hingegen „sagte" ihr, dass sie nicht umziehen solle. Eine ihrer Aussagen lautete wörtlich: „Wenn ich wegziehe, hätte ich das Gefühl, mir bricht etwas im Leben weg. Aber alles Logische und Objektive spricht dafür zu gehen." Nun ist sie hin- und hergerissen und kann keine klaren Gedanken fassen.

In der Zusammenarbeit hat sie an zwei Orten, die durch Pylonen gekennzeichnet jeweils beide Wohnorte repräsentieren, ihr künftiges Leben visualisiert. Bei der Visualisierung ihres Lebens in der Großstadt für die nächsten zwei bis drei Jahre zeigt ihre Körpersprache einen sehr positiven Zustand. Bei der Visualisierung des Dorflebens hingegen kann sie kaum stehen, denn ständig knicken ihre Knie ein. Bei der Aussage des Coaches „Du sagtest, hier im Dorfleben bräche dir etwas weg?" knickt ihr Knie ganz weg, und sie stürzt plötzlich zu Boden. Und genau das waren ihre eigenen Worte: „... das Gefühl, mir bricht etwas weg". Der sichere Stand und ihr soziales Netzwerk sind wohl doch eher in der Großstadt verortet.

Die Reflexion des Gefühls „Wegbrechen" in Verbindung mit der Visualisierung war dann die Grundlage für ihren klaren Entschluss, in der Großstadt zu bleiben und das Beste aus dieser Situation zu machen. Ihr Gefühl hat sie eigentlich die ganze Zeit auf die richtige Entscheidung hingewiesen, aber sie konnte keine Regulation bzw. Klarheit denken. ◄

2.2 Der Unterschied in der Beratung: Mit und ohne Mentaltrainingsmethoden

Reguläres Mentaltraining findet ebenso wie zum Beispiel das Personal Training im Rahmen eines Settings statt. Eine Einheit unterliegt folgenden Parametern, welche die Zusammenarbeit maßgeblich beeinflussen:

- Bedarf und Zielsetzung des Klienten
- Dauer und Ort der Zusammenarbeit
- Formelle und informelle Regeln der zwischenmenschlichen Zusammenarbeit
- Methodik und Material des Beraters/Trainers/Coaches
- Persönlichkeit von Klient und Trainer

Oftmals sieht Mentaltraining in natura so aus, dass der Klient auf einem Sofa bzw. Stuhl sitzt oder aber auf einer Matte liegt. Jedenfalls ist er dabei bewusst entspannt und folgt der zu Visualisierungen einladenden Stimme und Anleitung seines Mentaltrainers oder Coaches. Die Beratungen und Trainingseinheiten der Leser dieses Buches dürften aber gänzlich anders ablaufen. Entweder finden wissensvermittelnde Gespräche an einem Tisch statt oder aber schweißtreibende Sporteinheiten. Das Setting beispielsweise einer Ernährungsberatung weist zwar die oben genannten Kriterien genauso auf wie ein Mentaltraining, aber es verläuft inhaltlich und atmosphärisch ganz anders.

Wenn Sie nun explizit Mentaltrainer werden wollen, würden Sie mit Ihren Klienten überwiegend so vorgehen wie eben beschrieben. Wenn Sie aber kein Mentaltrainer werden wollen – vielleicht, weil Sie kein Psychologe sind oder nicht so tief in die Materie einsteigen möchten –, können Sie dennoch Mentaltrainingsanteile in Ihre Arbeit einfließen lassen, um effektiver zu werden. Der Schritt dahin ist, die Prinzipien des Doppelkerns des Mentaltrainings sukzessive und subtil in Ihre schon bestehende Methodik einzuflechten. Das kann ganz kreativ und nebenbei geschehen, sodass der Klient gar nicht bemerkt, dass Sie Mentaltraining einsetzen. Sie wollen und werden den Klienten jedoch nicht heimlich mit psychologischen Tricks manipulieren. Sie erweitern lediglich Ihr Beratungsrepertoire um Methoden, die für das Anliegen des Klienten zielführend und nachhaltig sind.

Es ist keine Verpflichtung, dass etwa ein Personal Trainer oder Berater Mentaltraining in seine Beratung einbaut oder nach der Lektüre dieses Buches einbauen muss. Eine wichtige Beobachtung ist jedoch, dass diejenigen Berater ganz unbewusst und intuitiv Konzepte und Teile des Mentaltrainings einsetzen, deren Klienten besonders begeistert von der Zusammenarbeit sind und tatsächlich langfristige Veränderung bzw. anderweitige Ziele erreichen. Sie nutzen aufgrund ihrer Erfahrung den Doppelkern, der zentraler Bestandteil jeglichen Mentaltrainings ist: Dreiklang und Kommunikation. Unwissentlich und ohne Absicht nutzen sie die drei Aspekte des Dreiklangs:

1. Sie erzeugen attraktive Bilder und motivierende Ziele vor dem geistigen Auge.
2. Sie nehmen (entweder durch Fragetechniken oder andere Interventionsmöglichkeiten) Einfluss auf die Gedanken.
3. Sie erzeugen positive Gefühle und Emotionen.

Und auch die Kommunikation trägt einen Großteil zum Gelingen der Beratung bei. Beispiel: Versetzen Sie sich bitte einmal in die Lage eines Schülers der Mittelstufe. Nehmen wir an, Sie haben dabei zwei unterschiedliche Typen an Lehrern. Die einen sind absolute Fachexperten, deren Unterricht von hoher inhaltlicher und didaktischer Qualität geprägt ist. Jedoch hat dieser Typus große Probleme damit, die Themen verständlich zu vermitteln. Vielleicht liegt es daran, dass die Art und Weise, wie sie sprechen, eher langweilig wirkt. Oder es liegt daran, dass sie aufgrund ihres persönlichen Verhaltens oder mangels sozialpädagogischen Talents keine emotionale und vertrauensvolle Bindung zu den Schülern aufbauen können.

Dann ist da noch der andere Typus, der inhaltlich, fachlich und didaktisch zwar mithalten kann, der aber kein ausgewiesener Fachexperte ist. Dafür schafft dieser Lehrertyp es aber umso mehr, seine Schüler über die kommunikative Brücke zu erreichen. Die Schüler haben das Gefühl, dass er ein besonders netter Mensch ist, der ihre Sprache spricht, der auch unangenehmen Stoff verdaulich erklärt und dem man vertrauen kann. Schlicht gesagt ist er jemand, von dem man etwas lernen kann.

Aus Sicht des „Lehrer-TÜV" bekommt wohl der erste Typ die bessere Beurteilung. Und aus der Sicht der Schüler schneidet sicherlich der zweite Typ besser ab. Höchstwahrscheinlich werden sich die Schüler 15 Jahre nach dem Schubabschluss noch genauer an die Person bzw. Inhalte dieses letzteren Typus erinnern können. Auf einem Klassentreffen könnten Aussagen getroffen werden wie: „Der Schmidt war zwar ein Ass in Geschichte. Aber bei Herrn Möller haben wir was gelernt und dabei Spaß gehabt. Ich hatte nie wieder einen Lehrer, der mich auch nur ansatzweise für Mathe begeistern konnte." Die Erinnerung an diesen Herrn Möller und sein vermitteltes Wissen ist deutlich lebendiger, angenehmer und präsenter.

Menschen zu erreichen, sie zu begeistern und zu etwas zu bewegen, funktioniert somit nicht nur über Inhalte (Fachwissen, Erfahrung, mentale Interventionstechniken), sondern immer auch über die kommunikative Verbindung zueinander. Im Zweifel ist Letzteres sogar wichtiger, wie anhand des Lehrer-Beispiels deutlich geworden ist.

Sobald nun einer oder beide Doppelkerne in die Beratung einfließen, spielen Prinzipien des Mentaltrainings eine Rolle in der Interaktion. Auch wenn diese Prinzipien unwissentlich und sozusagen aus Versehen zum Einsatz kommen, ist das für deren Erfolgswirkung eher nebensächlich. Daher ist es für viele Berater interessant, die eigene Arbeitsweise anhand dieses Buches einmal zu analysieren und herauszufinden, an welchen Stellen und wie man eigentlich Prinzipien des Doppelkerns unbewusst nutzt.

Aufgabe

Reflektieren Sie bitte einmal exemplarisch die erfolgreiche Zusammenarbeit mit einem Ihrer Klienten und fragen sich:

- Wo und wie haben Sie bewusst oder unbewusst die drei Aspekte des Dreiklangs des Mentaltrainings bzw. auch kommunikative „Hebel" genutzt?
- Wann haben Sie in Ihrer Arbeit die Steuerung von Gedanken, Bildern oder Emotionen wie in diesem Buch beschrieben forciert?
- Wie haben Sie Kommunikation auf eine motivierende Art eingesetzt? Vielleicht durch das Stellen zielführender Fragen, das Erzählen eines Witzes oder den (intensiven) Aufbau einer persönlichen Vertrauensbasis?
- Wie wird sich Ihr Klient möglicherweise ein Jahr später an Sie erinnern? Was wird er als Erstes über Sie denken? Was ist aus seiner Sicht das Besondere, das er an der Zusammenarbeit mit Ihnen nach einem Jahr immer noch schätzt?

2.2.1 Mentaltraining 1.0

Gerne möchte ich kurz darstellen, was das klassische Mentaltraining ausmacht und wo es herkommt. Mentales Training ist eine Unterkategorie der Psychologie und hierbei speziell aus der Sportpsychologie. Dabei wird Wissen anhand der Sportwissenschaften in Verbindung mit psychologischen Theorien und praktischen Studien generiert. Die Psychologie beschäftigt sich aus wissenschaftlicher Sicht mit der Persönlichkeit des Menschen, um ganz allgemein seine Lebensqualität zu verbessern:

> Ziel und Gegenstand der Psychologie ist es, menschliches Verhalten zu beschreiben, zu erklären, zu kontrollieren und vorherzusagen. (Zimbardo und Gerrig 1996).

Die Sportwissenschaft wendet diese Begriffe entsprechend auf die Situationen der Sportler an und untersucht schwerpunktmäßig Training, Wettkampf und Regeneration. Somit ist Mentaltraining von vornherein vielmehr eine Querschnittsdisziplin, die versucht, die Sportpraxis zu verbessern. Ziele dabei sind, einerseits die Leistung zu steigern sowie andererseits die allgemeine psychische und physische Gesundheit zu erhalten. Aber auch Konzentration, Fokussierung und Lernen können optimiert werden.

Als Pionier des Sportmentaltrainings gilt der Psychologe und Sportlehrer Dr. Hans Eberspächer (1943–2014). Am ersten deutschen Institut für dieses Thema – das „Sportpsychologische Laboratorium", 1920, Berlin – konnte Eberspächer nachweislich den Erfolg der von ihm betreuten Athleten durch Mentaltraining während der Wettkampfvorbereitung steigern.

Ich nutze gerne den Begriff „Mentaltraining 1.0", um die folgenden Einsatzbereiche und Methoden des klassischen Mentaltrainings zu umschreiben.

Die Methoden sind:

- Entspannungstechniken (z. B. Atmung, Progressive Muskelrelaxation, Autogenes Training, Fantasiereisen)
- Mental-sprachliches Training (sog. subvokales Training, d. h. der innere Dialog)
- Visualisierendes mentales Training (Erzeugung innerer Bilder z. B. von Wettkampfsituationen aus der Innen- und Beobachterperspektive)

Die Einsatzbereiche sind:

- Selbstgesprächsregulation, Vorstellungsregulation, Aktivationsregulation Aufmerksamkeitsregulation
- Trainingsphase, Wettkampfvorbereitung, Steigerung der Leistung, Erhaltung der Gesundheit, Optimierung der Konzentration, Rehabilitationszeiten

Im Grunde kann man sagen, dass das klassische Mentaltraining Sportler relativ zielgerichtet aber dafür wenig ganzheitlich begleitet hat. In der Trainingsphase wurde vor allem mit Visualisierungen gearbeitet. Dabei haben Sportler auf unterschiedliche Weise Bilder von erfolgreichen Wettkampfsituationen imaginiert und mit entsprechenden Gedanken untermauert. Für bestimmte Situationen wurde dann noch eine mentale Handlungsanleitung generiert, die zum Beispiel einem Skifahrer vorgibt, in der 23. Kurve das Körpergewicht nach links zu führen und an einen positiven Satz zu glauben: „Ich schaffe die 23. Kurve!" Ergänzt wurde dieses Training durch Entspannungstechniken, damit die Nervosität vor den Wettkämpfen eingegrenzt werden kann.

Dass Sportler jedoch ebenso ganz „normale" Menschen sind, die eine individuelle Persönlichkeitsstruktur und ebenso wie jeder andere Mensch auch private Themen haben, wurde weitgehend außer Acht gelassen. Und damit wurde ein großer Erfahrungsschatz der allgemeinen Psychologie nicht in die mentale Begleitung der Sportler integriert und somit großes Wirkungspotenzial verschenkt.

2.2.2 Mentaltraining 2.0

Mit dem Begriff „Mentaltraining 2.0" kennzeichne ich nun die Tatsache, dass der Fokus den Lebensbereich des Sports erweitert und den ganzen Menschen mit in die mentale Begleitung einbezieht. Das bedeutet einerseits, dass Sportler ganzheitlich und auch außersportlich betreut werden. Andererseits werden auch Nichtsportler in den Genuss von Mentaltraining mit einbezogen – dabei können ganz normale, persönliche Themen wie

Nervosität, Leistungsdruck, soziale und emotionale Konflikte, allgemeine Lebensumstände und berufliche Ziele eine Rolle spielen. Wie schon angedeutet muss dann die Bezeichnung „Mentaltraining" nicht immer die treffendste sein. Die entsprechenden Beratungsschulen wie Coaching grenzen sich jedoch wiederum deutlich von psychologischen Therapien ab.

Mentaltraining 2.0 schließt ebenso das Prinzip des Doppelkerns mit ein und meint ein modernes Methoden- und Selbstverständnis des Mentaltrainers. Neben dem Prinzip des Dreiklangs spielt somit die kommunikative Vorgehensweise eines Beraters, Trainers und Coaches eine entscheidende Rolle im Grundverständnis sowie im Gelingen. Nicht nur die Sportpsychologie war bereits eine Querschnittswissenschaft – auch dieser moderne Ansatz 2.0 ist noch viel bewusster ein Methodenmix quer durch alle Beratungsschulen, der durch Vielfalt und einen weiten inhaltlichen Fokus lebt.

Möglichkeiten des Mentaltrainings 3

Mit den genannten Beispielen ist bereits ansatzweise angedeutet, was „bewusstes" Mentaltraining zu leisten vermag. Bisher haben Sie gelernt, dass mentales Training aus einem Doppelkern besteht: Dreiklang und Kommunikation. Der Dreiklang wiederum besteht aus den Elementen Gedanken, Bild und Gefühl. All diese Parameter können Sie nun bewusst bzw. noch bewusster als bisher einsetzen, um Ihre Klienten mental besser zu erreichen. Achten Sie auf eine vertrauensvolle Kommunikationsbasis, erzeugen Sie mentale Bilder, reflektieren Sie Gedanken und Gefühle. Sie können all das kreativ und nahezu unmerklich in Ihre bisherige Arbeit einflechten. Wie Sie all diese Parameter noch verfeinern und deren Wirkung erhöhen können, erfahren Sie in den folgenden Kapiteln.

Wie eingangs erwähnt, ist es hilfreich, einige psychologische Grundlagen über die „Funktionsweise" des Menschen zu verstehen. Nun gibt es nicht *die eine* Bedienungsanleitung für das Wesen Mensch, aber aus meiner Sicht gibt es ein Grundprinzip, wonach sich das Denken, Fühlen und Verhalten richten. Dieses Grundprinzip zu verstehen, hilft, mentale Techniken in Ihre

---

Elektronisches Zusatzmaterial Die elektronische Version dieses Kapitels enthält Zusatzmaterial, das berechtigten Benutzern zur Verfügung steht https://doi.org/10.1007/978-3-662-61678-9_3. Die Videos lassen sich mit Hilfe der SN More Media App abspielen, wenn Sie die gekennzeichneten Abbildungen mit der App scannen.

© Springer-Verlag GmbH Deutschland, ein Teil von Springer Nature 2020
M. Sutoris, *Mentale Coaching-Tools für das Personaltraining*,
https://doi.org/10.1007/978-3-662-61678-9_3

Beratung bzw. in Ihr Training gekonnt einfließen zu lassen, sodass Ihre Klienten mehr Nachhaltigkeit aus der Zusammenarbeit mitnehmen. Abb. 3.1 visualisiert, um was es geht.

> Nicht die Dinge selbst, sondern die Sicht der Dinge beeinflusst menschliches Handeln. (Epiktet, um 50 bis 138 n. Chr.)

Sie sehen einen Menschen, der seinen Fokus auf seine Realität richtet. Er nimmt wahr, was ihm an ganz realen Dingen und Situationen bevorsteht. Dafür stehen ihm seine Sinne zur Verfügung – es sind dieselben Sinne, mit denen die fiktiven mentalen Bilder erzeugt werden: Sehen, Hören, Fühlen, Riechen und Schmecken. All diese Wahrnehmungen werden mithilfe der Sprache zu Gedanken verarbeitet. Man weiß aufgrund psychologischer Studien, dass die Wahrnehmung subjektiv ist und dass man nicht alle Informationen in einem Moment aufnehmen

Abb. 3.1 Grundprinzip des Konzepts von der Welt. (© Rebecca Brouwers)

kann. Jeder Mensch achtet situativ auf etwas anderes und blendet dabei mehr oder weniger unbewusst Dinge aus.

Nach diesem Prozess der Wahrnehmungsfiltrierung setzt die sprachliche Informationsverarbeitung ein. Diejenigen Informationen, die den Filter passiert haben, werden vom Gehirn zu Wörtern, zu Sätzen, zu Erklärungen, zu Sichtweisen, zu Denkschubladen, zu Vorurteilen, zu Zukunftsplänen und so weiter geformt. Nun kommt es darauf an, mit welcher Software das Gehirn bei dieser Versprachlichung programmiert ist: Erfahrungen, Charaktermerkmale, Einstellungen, Sozialisation etc. prägen diese Informationsverarbeitung maßgeblich.

Das Mindset eines Menschen entsteht somit durch subjektive Wahrnehmung (Sinne) und programmierte Informationsverarbeitung (Sprache). Die Aussage und Konsequenz dessen ist, dass die letztendliche Realität eines Menschen durch die Art und Weise seiner individuellen Interpretation geformt wird. Natürlich ist die Realität vorgegeben, aber die (Be-)Deutung der Realität obliegt dem einzelnen Menschen. Nicht die absolute Realität ist es, die auf den Menschen einwirkt, sondern das, was er darüber denkt.

Nehmen wir an, der Mensch in dieser Grafik ist ein Sportler, der auf seinen real stattfindenden Wettkampf blickt. Dieser Wettkampf findet in wenigen Tagen statt, und er ist somit absolute Realität. Doch welchen Effekt der Fokus auf diesen Wettkampf auslöst, hängt vom sog. Konzept ab, das sich der Sportler anhand seiner Wahrnehmung und Informationsverarbeitung darüber konstruiert. Und dieses Konzept hat letztendlich eine Auswirkung auf sein Denken, Fühlen und Verhalten. Wenn er den Wettkampf – bildlich gesprochen – in seiner Gedankenblase als Gefahr einordnet, wird das eine andere Konsequenz haben, als wenn er diesen als Chance betrachtet. Doch die meisten Menschen machen nicht die eigene Denkweise, sondern die Realität als Ursache ihrer Gedanken, Gefühle und Handlungen verantwortlich. Damit verpassen sie letztendlich die Option, die eigene Denkweise zu ändern.

Der Hebel, den Sie mit Mentaltraining nun erzeugen können, ist die Verdeutlichung dieses Zusammenhangs. Oft hört man Aussagen, die sinngemäß so klingen: „Ich musste doch so denken, fühlen und handeln, weil die Realität mich dazu veranlasst hat." Oder konkreter: „Morgen habe ich einen Wettkampf, also bin ich nervös und unsicher." Oder: „Eine Ernährungsumstellung ist für mich schwierig, weil ..." Selbstverständlich hat der Klient innerhalb seiner Wahrnehmung recht, und vielleicht wäre es auch objektiv richtig oder logisch, so zu denken. Streng genommen entsteht aber jegliche Realität in seinem Mindset – und Ihre Möglichkeit ist es, sein Mindset mithilfe von mentalen Interventionen (Doppelkern) zielführend zu erweitern. So fällt die Definition von Zielen (bzw. etwas anzugehen und zu erreichen) oder die nachhaltige Veränderung von Verhalten (z. B. Sport, Ernährung) deutlich leichter. Beispiele:

- *Steuerung und Erweiterung der Gedanken:*
  Aussage des Klienten: „Eine Ernährungsumstellung bedeutet doch eine große Einschränkung."
  Mögliche Reaktion: „Wie kommen Sie denn darauf? Zählen Sie bitte einmal fünf Vorteile auf, die sich für Sie dadurch ergeben!"
- *Steuerung und Erweiterung der Bilder:*
  Aussage des Klienten: „Wenn ich an den Wettkampf nächste Woche denke, dann sehe ich schwarz."
  Mögliche Reaktion: „Und wenn Sie mal in Ihren inneren Bildern das Licht anknipsen, damit es wieder hell ist, welche positiven Dinge haben Sie dann übersehen?"
- *Steuerung und Erweiterung der Gefühle:*
  Aussage des Klienten: „Wie bitte, ich soll dreimal pro Woche Sport machen? Da krieg ich ja jetzt schon einen dicken Hals."
  Mögliche Reaktion: „Und wie würden sich dicke Muckis für Sie anfühlen? Wie würde sich der Stolz anfühlen, den inneren Schweinehund überwunden zu haben?"
- *Steuerung und Erweiterung der Verhaltensoptionen:*
  Aussage des Klienten: „Ich schaffe es nicht. Es lohnt sich gar nicht erst, das zu versuchen."
  Mögliche Reaktion: „Was hält Sie davon ab? Was bräuchten Sie, um einen ersten Schritt zu tun?"

Wie Sie sehen, docken diese kommunikativen Reaktionen direkt auf der Ebene des Mindset des Klienten an. Zudem haben sie einen fragenden und keinen argumentativ-kognitiven Charakter. Oft versuchen Berater und Trainer aber auf der logischen Ebene zu arbeiten und die objektive Realität argumentativ-kognitiv „schönzureden", zum Beispiel so: „So schlimm wird der Wettkampf schon nicht werden …" Oder: „Dreimal die Woche Sport ist doch erst der Anfang …" Diese Aussagen sind jedoch genauso wirkungsvoll, wie wenn Sie einem Raucher sagen, dass das Rauchen schädlich ist und er doch damit aufhören soll.

Ein Zitat von Konfuzius lautet: „Für jedes äußere Problem musst du erst ein inneres Problem lösen." Machen Sie Ihren Kunden deutlich, dass jede Veränderung und jeder Weg zu einem Ziel im Kopf beginnt. Denken, Fühlen und Verhalten sind bewusst konstruktiv steuerbar – durch Sie als Trainer oder Berater sowie auch durch die Selbstregulation des Klienten.

▶ **Hinweis** Das „Konzept von der Welt" macht einen wesentlicher Unterschied zwischen jener Beratung, die professionelles Wissen oder Methoden vermittelt, und dem mentalen Hebel, der durch den Doppelkern erzeugt werden kann. Persönliche Weiterentwicklung beginnt dort, wo der Trainer oder Berater zum „Mental Coach" wird und durch geschickte Einflussnahme auf das Mindset des Klienten neue Möglichkeiten in Bezug auf das Denken, Fühlen und Verhalten generiert. Bedenken Sie, dass der Mensch im Grunde nur zwei Arten von Problemen hat, die beide durch Veränderung zur Lösung bzw. zum Ziel führen (Abb. 3.2).

Abb. 3.2 Konzept von der Welt (4:50 min). Hören Sie bitte die Audiodatei und führen direkt dabei die Übung aus. Sie werden erkennen, wie sehr Visualisierungen das Denken, Fühlen und Verhalten beeinflussen können. (© vegefox.com/stock.adobe.com) https://doi.org/10.1007/000-0s6

4 Mentale Interventionen – mit dem Doppelkern zur nachhaltigen Veränderung

In diesem Kapitel finden Sie mentale Interventionen, die Sie als Personal Trainer, Berater, Life Coach etc. ganz einfach bei Ihren Klienten anwenden können. Diese Interventionen entstammen den bereits aufgezählten Beratungsschulen. In der Summe stellen sie einen Methodenmix dar, der vor allem durch den Einsatz des Doppelkerns (Dreiklang und Kommunikation) wirkt.

Die positive Änderung von Verhalten hat eine Analogie zu dem Symptom-Ursache-Zusammenhang: Für jedes Symptom ist eine Ursache verantwortlich. Wenn man das Symptom – d. h. das Verhalten – ändert, ändert sich nicht automatisch die Ursache. Die Wahrscheinlichkeit, dass das Symptom irgendwann wieder auftaucht ist hoch, weil ja die Ursache noch vorhanden ist. Wenn Sie zum Vergleich einmal einen Schnupfen heranziehen, so dürften Ihnen die typischen Symptome bekannt sein. Wenn Sie diese Symptome z. B. mit Hustensaft und Nasenspray behandeln, bleiben die Bakterien als Ursache immer noch bestehen. Mentale Interventionen zielen jedoch auf die Ursache ab. Es gilt, mit einem tiefenpsychologischen Ansatz, der als

---

Elektronisches Zusatzmaterial Die elektronische Version dieses Kapitels enthält Zusatzmaterial, das berechtigten Benutzern zur Verfügung steht https://doi.org/10.1007/978-3-662-61678-9_4. Die Videos lassen sich mit Hilfe der SN More Media App abspielen, wenn Sie die gekennzeichneten Abbildungen mit der App scannen.

© Springer-Verlag GmbH Deutschland, ein Teil von Springer Nature 2020
M. Sutoris, *Mentale Coaching-Tools für das Personaltraining*,
https://doi.org/10.1007/978-3-662-61678-9_4

solcher meist gar nicht wirklich deutlich wird, sondern unauffällig impliziert ist, nachhaltige Veränderung durch symptomatische Arbeit zu erzeugen. Auch die Symptome müssen nicht in therapeutischer Manier bekannt sein oder irgendwo in der Kindheit gesucht werden. Denn die folgenden Interventionen können ohne Psychologiestudium und ohne Nebenwirkungen, dafür aber mit einer meist hohen Effektivität – eine präzise Anwendung vorausgesetzt – von Ihnen durchgeführt werden.

Dieses Kapitel ist so aufgebaut, dass zunächst die Technik grundlegend erklärt wird. Anschließend erhalten Sie in Ihre Praxis übertragbare Tipps, Beispiele und Übungen.

Die unterschiedlichen Beratertypen fasse ich aus Gründen der Vereinfachung und Einheitlichkeit bei der Vorstellung der mentalen Interventionen mit dem Begriff „Coach" zusammen. Die einzelnen Techniken sind bewusst nicht nach einem aufsteigenden Schwierigkeitsgrad angeordnet. Denn jedem Coach liegen unterschiedliche Techniken, die er authentisch anwenden kann.

An den folgenden Beispielen wird deutlich, dass mentales Training eine professionelle, erlernte, prozessorientierte, methodische, meist nichtdirektive und beratende Kommunikationshandlung ist – ganz im Gegensatz zu einem freundschaftlich, tröstenden, gut gemeinten oder motivierenden Gespräch. Möglicherweise wirken solche Interventionsbeschreibungen von realen Klienten auf Außenstehende etwas banal. Doch Sie müssen als Coach – wie bereits beschrieben – immer vom inneren Erleben des Klienten ausgehen und nicht davon, was objektiv gut, falsch, richtig, ein Problem, ein Entwicklungswunsch etc. wäre.

▶ **Tipp** Schauen Sie sich alle Interventionen einmal an. Entscheiden Sie sich danach für drei bis vier davon, die Sie eingehender beherrschen möchten. Lesen Sie diese aufmerksam und mehrmals durch. Üben Sie mit einem Probanden, wobei Sie auch einmal in die Rolle des Klienten schlüpfen sollten. Tauschen Sie sich anschließend darüber aus, was den mentalen Effekt der Intervention für beide „Teilnehmer" ausmacht.

4.1 Ziele definieren und erreichen

> Wer den Hafen nicht kennt, in den er segeln will, für den ist kein Wind ein günstiger. (Seneca, Lucius Annaeus, 1 bis 65 n. Chr.)

Ohne definierte Ziele treibt man im Fluss des Lebens einfach so dahin. Die Strömung treibt einen einfach vorwärts. Vielleicht landet man mit etwas Glück an einem schönen Ufer – vielleicht reißt die Strömung aber auch ab, und man treibt ziellos im Wasser umher, oder die Strömung treibt einen zu einem gefährlichen Wasserfall.

Kaum ein Thema ist daher so omnipräsent wie der Begriff des Ziels. Ob es um Training, Entwicklung, Problemlösung, Veränderung, Beratung oder Coaching geht, meist läuft für den Klienten alles auf das Definieren und Erreichen eines bzw. mehrerer Ziele hinaus. Daher möchte ich gern als Erstes eine psychologisch sehr effektive Intervention zur Zielsetzung darstellen. Mithilfe des Dreiklangs des Mentaltrainings lassen sich Ziele nicht nur elegant definieren, sondern es entsteht in aller Regel eine hohe Motivation und sogar eine gesteigerte Wahrscheinlichkeit, diese zu erreichen.

- *Thema des Klienten:* Er kann keine Träume, Ziele, Entwicklungsschritte definieren bzw. diese nicht erreichen.
- *Ziel des Coaches:* Er gibt ihm mittels Gespräch und anschließender Visualisierung eine Hilfestellung, ein motivierendes Ziel zu definieren.
- *Setting:* Diese Technik kann in jedes Gespräch eingestreut werden.

Doch was genau ist eigentlich ein Ziel? Das Wort „Ziel" ist im Kontext der Lebensplanung ein sehr vielschichtiger Begriff. Sportschützen haben es einfacher: Es gibt für sie nur das eine Ziel – den schwarzen Punkt auf der Scheibe. In der Lebensplanung hingegen können Ziele sehr unterschiedlich ausfallen. Klienten von Personal Trainern und Beratern haben zunächst sogar eher ein Problem anstelle eines Ziels. Nun gilt es, aus dem Problem einen motivierenden Wunsch abzuleiten und diesen Wunsch in ein erreichbares und motivierendes Ziel zu übertragen. Wenn das Problem ganz einfach lautet „Übergewicht", so reicht es nicht aus, als Wunsch „schlank und fit sein" oder als Ziel „15 kg abnehmen" zu definieren. Neben einem funktionierenden Plan, wie man dahin kommt, braucht der Klient mentale Bilder, Gedanken und Gefühle, die sein Verhalten in Richtung des Ziels steuern. Es geht also um eine ganzheitliche Idee, die mithilfe des Dreiklangs aus einem Problem einen Wunsch und letztendlich ein Ziel gestaltet.

Wenn man jemanden fragt, warum er sein Ziel noch nicht erreicht hat, werden meistens diese drei Gründe genannt:

- Zu wenig Zeit
- Zu wenig Motivation
- Angst zu scheitern (oder: bereits gescheitert)

Das mag aus der subjektiven Sicht der „zielenden" Personen vielleicht schlüssig erscheinen – objektiv betrachtet sind diese Gründe jedoch absoluter Mindfuck, den man mit dieser Intervention geschickt umgehen kann. Ob ein Ziel „funktioniert", also erreicht werden kann, hängt zunächst einmal davon ab, wie das Ziel definiert wird. Hierbei geht es gar nicht explizit um das Endziel einer Beratung oder eines Trainings, es können auch viele kleine Zwischenziele, sog. Meilensteine, gemeint sein. Die wohl bekannteste „Zauberformel" für eine Zieldefinition ist die sogenannte SMART-Formel. Diese dient auch als Ausgangsbasis für die weitere Intervention. Die Erfahrung ist auf der einen Seite die, dass das Wissen um die SMART-Kriterien inzwischen weit verbreitet und vor allem auch anerkannt ist. Auf der anderen Seite gibt es immer wieder Beispiele, in denen Menschen selbst mithilfe dieser Technik ihre Ziele nicht erreichen. Doch warum ist das so? Meiner Meinung nach wird die Formel erstens falsch angewendet. Zweitens lässt sie weitere, aber sehr wichtige Kriterien außer Acht. Und drittens fehlen der Formel Teile des Dreiklangs.

Die SMART-Formel wurde in der Mitte des 20. Jahrhunderts von Psychologen entwickelt. Diese haben sich dabei auf die Ergebnisse einer großen Studie gestützt, in der Top-Manager nach ihrem Erfolgsrezept gefragt wurden. Der gemeinsame Nenner aller Antworten der Top-Manager lautete zusammengefasst: „Wir setzen uns Ziele und tun alles, um diese zu erreichen." Die Psychologen waren klug genug, um auch nach dem Wie zu fragen, und heraus kamen ebendiese Kriterien. Schauen wir zunächst einmal, was die einzelnen Buchstaben dieses Akronyms bedeuten:

- S = spezifisch
- M = messbar
- A = attraktiv
- R = realistisch
- T = terminiert

Ziele sollen demnach spezifisch, messbar, attraktiv, realistisch und terminiert sein. Manche Ziele sind zwar nach dieser Formel definiert, zum Beispiel „Ich will in zehn Jahren Führungskraft sein" oder „Nächstes Jahr nehme ich 5 kg ab", doch es wird schnell klar, dass entweder nicht alle Kriterien bedacht sind oder aber falsch ausgelegt wurden. Zudem fehlt an dieser Stelle noch der Dreiklang des Mentaltrainings.

Daher machen Sie sich und Ihren Klienten einmal klar, was genau ein *spezifisches* Ziel ist. Je genauer Sie es definieren, umso klarer ist der Weg dorthin. Wenn ein Klient darauf zielt, „mehr Sport" zu machen, ist das weniger spezifisch, als wenn man sagt „Ich werde vier Trainingseinheiten pro Woche durchziehen". Und wenn man darauf zielt, „die nächste Prüfung zu schaffen" ist das weniger spezifisch, als wenn man definiert „Ich will in der nächsten Prüfung 90 von 100 Punkten erreichen". Die Spezifikation eines Ziels gibt den logischen Weg zur Zielerreichung vor. Dies sorgt für Klarheit und Motivation.

Nun sollen Ziele auch *messbar* sein. Das ist ein nicht zu unterschätzender Punkt. Fragen Sie Ihre Klienten daher: „Woran genau erkennst du, dass du dein Ziel erreicht hast? Und woran können andere erkennen, dass du es erreicht hast, ohne dass du es ihnen aber gesagt hast?" Menschen, die Ziele nicht messbar definieren, laufen Gefahr, ihre Ziele entweder nie zu erreichen oder aber ihre eigenen Ansprüche nicht erfüllen zu können. Denn sie werden immer das Gefühl haben, nie irgendwo anzukommen. Das ist der Grundstein für viele psychische Belastungen wie beispielsweise Stress- oder Burnout-Symptome. Das Ziel „abnehmen und fitter werden" ist also verfänglich, da man es streng genommen nie wirklich erreichen kann und immer hinter der – nichtexistenten – Messlatte zurückliegt.

Des Weiteren sollen Ziele auch *attraktiv* sein. Doch warum? Und geht das überhaupt? Für die meisten Ihrer Klienten scheint es zunächst überhaupt nicht attraktiv, statt Schokolade lieber Salat zu essen und statt Serien zu schauen, schweißtreibenden Sport zu betreiben. Stellen Sie sich einmal kurz vor, Ihr Chef bittet Sie darum, eine Aufgabe zu übernehmen, die Ihnen nicht sonderlich gut gefällt. Nun haben Sie also ein Ziel – mit anderen Worten eine Ausgangsbasis für Ihren Erfolg. Nach kurzer Zeit stellen Sie jedoch fest, dass Sie keine Lust haben, dieses Ziel zu erreichen, denn es ist aus Ihrer Sicht unattraktiv. Sie werden bei der Umsetzung der Aufgabe demotiviert, lustlos, machen vielleicht kleine Fehler und geben das Ergebnis nach dem Motto „die Fünfe gerade sein lassen" ab. So etwas ist im Business-Alltag oft genug Anlass für ein Coaching. Dann fordert eine Führungskraft vom Coach, diesen Mitarbeiter wieder zu besseren Leistungen zu motivieren. Und der Weg zu dieser besseren Leistung führt ganz oft über die Attraktivität eines Ziels. Gerade in Aufgaben beziehungsweise in Zielen, die von Dritten aufgetragen werden, ist diese Attraktivität sehr gut versteckt. Wer bei seinen Zielen – bei den selbst gesetzten und auch den Fremdzielen – ausführlich darüber nachdenkt, wo die Attraktivität versteckt ist, der findet ganz schnell einen Weg zu seiner intrinsischen Motivation und damit zu seiner Leistungsfähigkeit. Und das ist besonders dann erforderlich, wenn ein Ziel zunächst nicht motiviert oder langfristig angesetzt ist.

Der Buchstabe R steht für *realistische* Ziele. Hier liegt die Unvollständigkeit dieser Formel darin, dass nicht klar ist, was genau „realistisch" bedeutet. Gemeint sind nämlich zwei Bedeutungen dieses Kriteriums: Zum einen sollte es grundsätzlich realistisch sein, ein spezifisches Ziel zu erreichen. Und zum anderen – ein zusätzlicher, oft nicht bedachter Inhalt – sollte

4.1 Ziele definieren und erreichen

es auch speziell für die betreffende Person realistisch sein, ein spezifisches Ziel zu erreichen. Das Ziel „Ich will einen Marathon laufen" ist grundsätzlich erreichbar, aber eben nicht für jeden Menschen. Hier ist es ratsam, auf die individuellen Fähigkeiten zu schauen, die zur Zielerreichung vorhanden sind oder eben nicht.

Und das führt zu einer weiteren Unvollständigkeit der SMART-Formel. Es wird nicht beachtet, dass zur Zielerreichung bestimmte Fähigkeiten, Kenntnisse, Kontakte, Erfahrungen – sprich Ressourcen – benötigt werden. Weil die Formel das nicht vorgibt, übersehen viele Menschen diesen Punkt und wundern sich anschließend, warum sie ihr Ziel nicht erreichen. Daher sollten Sie Ihre Klienten fragen, welche der erforderlichen Ressourcen sie haben und welche nicht beziehungsweise wie entsprechende Defizite ausgeglichen werden können. Wenn von dem Unterschied zwischen funktionierenden und nicht funktionierenden Zielen die Rede ist, ist es sehr wichtig, sich über diesen Punkt klar zu werden, *bevor* man sich daran macht, das Ziel umzusetzen. Kommt es nämlich auf der Mitte des Weges zur Zielerreichung zu „Ressourcenmangel", ist Demotivation vorprogrammiert und die Möglichkeit des Scheiterns frei Haus mitgeliefert.

Zu guter Letzt sollen Ziele auch *terminiert* sein. Hiermit ist gemeint, eine Deadline zur Zielerreichung festzusetzen. Erfolgreiche Menschen schreiben in ihren Biografien, wie beispielsweise der Unternehmer und Milliardär Richard Branson:

> Timing ist das wichtigste Erfolgskriterium. Entweder hat man sich zu wenig Zeit für alle erforderlichen Aufgaben eingeteilt oder eben zu viel Zeit, sodass man sich verzettelt. (Branson 2012)

Natürlich kann niemand garantieren, dass ein Ziel just in time realisiert sein wird. Aber es verhält sich hierbei genau wie mit einer Prüfung oder wie mit einem sportlichen Wettkampf: Ohne vorgegebenen Termin ist man nie richtig vorbereitet und nie rechtzeitig auf dem Weg dorthin.

Ziele nach diesen erläuterten SMART-Kriterien zu definieren, ist also grundsätzlich schon mal gut – aber es ist eben noch nicht alles, um es zu einer professionellen mentalen Intervention zu formen. Folgende Kriterien sollten daher zur SMART-Formel addiert werden:

- *Werte:* Fragen Sie Ihren Klienten ausdrücklich, warum und wozu ein Ziel für ihn wichtig ist. Welchen ideellen Wert erfüllt es, wenn er dieses Ziel erreicht? Eine glasklare Antwort auf diese Frage zu haben, ist ein ultimatives Plus für eine langfristige Motivation. Wenn beispielsweise Existenzgründer sagen „Ich will mit meiner Idee steinreich werden", ihnen aber die eigentlichen Werte dahinter nicht klar sind, kommt ihnen der Weg zum Erfolg schnell nur allzu steinig vor, und sie biegen frühzeitig vom Weg zum Reichtum ab. Werte sind an dieser Stelle ein wichtiger Motor, der auch dann antreibt, wenn gerade mal kein Wind vorhanden ist – so würde es der Philosoph Seneca vielleicht ausdrücken.
- *Chancen danach:* Fragen Sie, welche neuen Möglichkeiten erst dadurch entstehen, wenn Ihr Klient ein bestimmtes Ziel erreicht haben wird. Welche Belohnung wartet auf ihn, nachdem er sein Ziel erreicht hat? Beispiele, in denen diese Frage nicht geklärt wurde, sind:
  - Ein Student, der im 17. Semester immer noch nicht seinen Abschluss in Philosophie erreicht hat, scheut sich vielleicht, das Studienziel zu erreichen, weil er nicht weiß, was oder ob danach beruflich etwas geschieht.
  - Selbst für erfolgreiche Sportler endet eine entsprechende Karriere in einem noch jungen Alter. Was machen diese Spitzensportler, wenn sie ihr sportliches Ziel erreicht haben und danach keine „echte" Aufgabe mehr haben? Es gibt viele prominente Beispiele, die hinter dem Gipfel des Erfolgs Depressionen, Alkoholprobleme oder Krankheiten wie Magersucht erlitten.

- *Ökologie-Check:* Alles hängt mit allem zusammen, und auf jedem Weg zum Erfolg müssen sicherlich Hindernisse oder Probleme überwunden werden. Es mag nach einem sehr einfachen Tipp klingen, aber dessen Befolgung ist elementar: Überlegen Sie zusammen mit dem Klienten unbedingt *vorher*

gründlich, welche Hindernisse und Probleme im Umfeld zu erwarten sind, sobald sich der Klient auf den Weg der Zielerreichung begibt. Denn es passiert nur allzu häufig, dass Menschen – gerade wenn ihnen die SMART-Kriterien bewusst sind – motiviert loslegen, um ihr Ziel zu erreichen. Diese Motivation kann aber schnell dazu führen, dass man „blauäugig" wird und Hindernisse nicht wahrhaben will – so lange, bis man dann unweigerlich vor einem steht.
Beispiel: Ein Läufer definiert sein Ziel nach den SMART-Kriterien. Demnach ist es hochattraktiv für ihn, seinen nächsten Marathon mit einem spezifischen Trainingsplan vorzubereiten und ein messbares (vorausgesagtes) Ergebnis von 2:30 h zu erreichen, denn diesen Wert hat er aufgrund langjähriger Erfahrung als absolut realistisch vorgegeben; der Lauf ist ohnehin terminiert. Wenn er nun *vorher* noch mal „checkt", welche Hindernisse ihn bei der Zielerreichung erwarten, wird er möglicherweise feststellen, dass sein spezifischer Trainingsplan, wenn er denn realistisch zum Ziel führen soll, zu motiviert ist und vielleicht seine Gelenke kurz vor dem Wettkampf schlapp machen. Die Konsequenz wäre, entweder die Messbarkeit von 2:30 h zu ändern oder den Trainingsplan anders zu spezifizieren, sodass sein Ziel dennoch erreicht werden kann.

- *Vision:* Der ehemalige Bundeskanzler Helmut Schmidt sagte einmal: „Wer Visionen hat, der gehört auf die Couch und nicht in die Politik." Doch Psychologen sehen das anders und behaupten: Wer Visionen hat, gehört auf das Siegerpodest und nicht auf die Couch. Das Wort „Vision" kommt aus dem Lateinischen und bedeutet ganz einfach „Bild". Sie sind sehr gut beraten, ein mentales Bild vom Ziel mit dem Klienten zu kreieren. Das darf zunächst ruhig ein wenig träumerisch und utopisch ausfallen – wichtig ist, dass überhaupt ein Bild oder ein innerer Film davon entwickelt wird. Dabei sollte lebhaft ausgemalt werden, was genau der Klient mit all seinen Sinnen erlebt, wenn er sein Ziel bereits erreicht hätte. Die entscheidende Frage an den Klienten lautet: „Wenn du dich mal eben gedanklich in deine Zukunft beamst und dein Ziel wäre genau jetzt optimal erfüllt, was kannst du dann sehen, hören und gegebenenfalls sogar riechen oder schmecken? Stelle bitte sicher, dass dieses Kopfkino von einem guten innerlichen Gefühl begleitet ist." Die Begriffe „riechen" und „schmecken" sind vor allem dann interessant, wenn jemand beispielsweise beabsichtigt, ein Café zu eröffnen – der Gedanke an den selbst gebrühten, duftenden, leckeren Kaffee wird schnell zu einem kostbaren Motivationsschub.

Zusammenfassend lässt sich sagen, dass die Punkte „Ressourcen", „Werte", „Chancen danach", „Ökologie-Check" und „Vision" zu einer sinnvollen und „SMARTen" Zieldefinition addiert werden müssen. Um das Ganze zu verfeinern, gibt es noch zwei letzte Hinweise:

- *Meilensteine:* Jedes Ziel sollte in Teilziele, also in kleinere Einheiten, zerlegt werden. Jede Einheit kann nach dieser Technik definiert werden. Die übergeordnete Frage, um Meilensteine zu entwickeln, lautet: „Wie erkennst du, dass du auf einem guten Weg sein wirst?"
- *Positiv formulieren und externalisieren:* Schreiben Sie ein Ziel mit dem Klienten in einem grammatikalisch korrekten Satz auf. Beachten Sie dabei, keine Negation einzubauen, zum Beispiel: „Mein Ziel ist es, nicht mehr so viele Süßigkeiten zu essen." Diesen Satz sollte der Kunde gut sichtbar in seiner Wohnung aufhängen. Ein so „externalisiertes" Ziel ermöglicht es, den Kopf frei zu haben und die Gedankenkraft auf die Umsetzung zu fokussieren, anstatt immer wieder darüber nachzudenken, ob man es nun angehen soll oder nicht. Je öfter der Klient diesen Satz liest und das dazugehörige mentale Bild visualisiert, umso mehr programmiert er sich unbewusst auf die Erreichung dieses Ziels.
- Beispiel: Wenn Ihr Klient ganz typische Wünsche hat, passt diese Intervention hervorragend, um Ziele zu definieren: Ob Gewicht senken, Ernährung optimieren, Fitness verbessern, Muskelmasse aufbauen oder überhaupt (motiviert) mit Sport beginnen, sind hervorragende Einsatzbereiche für diese Zieletechnik.

4.1 Ziele definieren und erreichen

▶ **Tipps**

- Arbeiten Sie zuerst im persönlichen Gespräch die SMART-Kriterien sorgfältig heraus. Am besten gelingt dies, wenn Sie viele Fragen an den Klienten richten. Oft antworten die Klienten dann mit negativ formulierten Zielen, z. B.: „Ich will nicht mehr so viel auf der Couch abhängen." Stellen Sie dann sofort eine Gegenfrage, z. B.: „Was willst du stattdessen?" Der gedankliche Leitfaden führt vom Problem über den Wunsch hin zu einem strategisch geplanten Ziel anhand der SMART-Formel, die um die genannten Aspekte erweitert wird.
- Laden Sie Ihren Klienten dann zu einer Visualisierung ein. Beginnen Sie diese, indem Sie den Klienten mit ein paar tiefen Atemzügen und geschlossenen Augen ganz entspannt werden lassen und ihm folgende Frage stellen: „Mal angenommen, es vergeht etwas Zeit und du hast dein Ziel in für dich bester Weise bereits erreicht – welche Bilder tauchen vor deinem geistigen Auge auf? Was kannst du sehen, hören und ggf. riechen oder schmecken? Überprüfe, ob du dich dabei auch wirklich gut fühlst." Regen Sie dann das Kopfkino weiter an, indem Sie die im persönlichen Gespräch genannten und ganz individuellen Zielkriterien ansprechen, z. B. so: „Und wenn du diese inneren Bilder, als ob du dein Ziel bereits erreicht hast, genießt – wie wirkt sich das auf dein Leben aus, wenn du deinen Wert der Gesundheit verwirklicht hast? Welche Hindernisse hast du auf dem Weg zum Ziel mit welchen deiner Fähigkeiten gemeistert? Was erwartet dich Neues und Gutes, nachdem du das Ziel erreicht hast?"
- Passen Sie die Fragen – jeweils mit einer kurzen rhetorischen Kunstpause dazwischen – an Ihren Klienten an und achten Sie darauf, dass er stets in einem guten Zustand bleibt. Oft zeigt sich ein guter

Zustand bzw. ein motivierendes Gefühl, wenn der Klient lächelt oder etwas mehr Farbe im Gesicht bekommt. Ein Bild sagt mehr als tausend Worte – daher wirkt diese Technik oftmals motivierender als nur das gesprochene Wort des Trainers.

> **Übung**
>
> Definieren Sie ein eigenes Ziel nach den SMART-Kriterien und deren Ergänzungen. Schreiben Sie es auf einen Zettel, den Sie an einem gut sichtbaren und zum Ziel passenden Ort aufhängen. Visualisieren Sie anschließend Ihr Ziel mit allen Sinnen, so, als ob Sie es bereits in bester Weise erreicht hätten. Beobachten Sie dabei Ihre eigene Wahrnehmung und achten Sie dabei besonders auf die motivierende Wirkung (Abb. 4.1).

Abb. 4.1 SMART-Ziel visualisieren (6:10 min). Durch dieses Audiobeispiel erhalten Sie eine Idee davon, wie man Ziele definiert und im Mentaltraining visualisiert. Achten Sie hierbei auch auf den Einsatz nondirektiver Fragen sowie auf den Umgang mit der Stimme. Diese Visualisierung können Sie direkt mit Ihren Kunden durchführen. (© magann/stock.adobe.com) https://doi.org/10.1007/000-0sa

4.2 Lösungsfokussierendes Interview

Dies ist eine Interventionstechnik, die in Form eines Gesprächs durchgeführt wird. Der Klient hat den Eindruck, dass der Coach dieses Gespräch eher zum gegenseitigen Kennenlernen durchführt, als dass es eine eigenständige mentale Intervention ist. Das Gespräch bringt den Klienten seinem Ziel näher. Er wird dabei sehr gelöst sein und anhand der Interviewfragen Vertrauen aufbauen können. Dabei hat der Coach eigentlich die Strategie, den Klienten in Kontakt mit seinen Ressourcen und sozusagen „auf Umwegen" zu einer Lösung zu bringen. Diese Technik stammt ursprünglich aus der lösungsorientierten Kurzzeittherapie des amerikanischen Psychotherapeuten Steve de Shazer (Shazer und Dolan 2008). Der folgende Ablauf weicht an jenen Stellen vom Original ab, an denen der Nutzen für Personal Trainer und andere Berater erhöht werden kann.

- *Thema des Klienten:* Er hat das Gefühl, in einem Entwicklungsprozess festzustecken, bei einer Frage keine Lösung zu finden, bei einer Herausforderung nicht weiterzukommen.
- *Ziel des Coaches:* Er dissoziiert den Klienten von seinem Thema durch das Stellen von Fragen, die sich auf die Ressourcen des Klienten beziehen. Hier gilt es, die Fragen möglichst wörtlich und in dieser Reihenfolge zu übernehmen.
- *Setting:* Der Klient benennt sein Thema, und der Coach beginnt mit dieser Fragetechnik.

1. *Ressourcen sammeln:*
   - Bevor wir beginnen – du als reife, erfahrene, kompetente Person möchtest also etwas Neues in deinem Leben erreichen. Ok, lass mich bitte zuerst wissen, was zurzeit gut bei dir läuft.
   - Was darf nicht verändert werden?
   - Was kannst du gut?
   - Was noch?

- Was tust du gerne?
- Was fällt dir leicht?
- Was sagen dir andere, was du gut kannst?
- Was schätzen andere ganz allgemein an dir?

2. *Fokussteuerung auf positive Ereignisse:*
   - Was war heute bereits gut an deinem Tag?
   - Welchen Beitrag dazu hast du – möglicherweise aus Versehen – geleistet?
   - Und was hast du ganz konkret dafür getan, dass heute schon etwas gut war?
   - Welche innere Einstellung hattest du dabei?

3. *Fragen nach Ausnahmen und Unterschieden:*
   - Angenommen, wir arbeiten hier eine gewisse Zeit an deinem Vorhaben, und es ist für dich wirklich gut gelaufen, welchen Unterschied würdest du dann bemerken?
   - Und welchen Unterschied würden andere bemerken?
   - War das *(aktuelles Thema bzw. Entwicklungswunsch des Klienten ansprechen)* schon immer so?
   - Wann gab es Ausnahmen, wann war es besser?
   - Was hast du da konkret anders getan und gedacht?
   - Welche Unterschiede zu heute gab es noch?
   - Wie hattest du es damals geschafft, eine Lösung zu finden, und welche deiner Fähigkeiten hattest du dabei eingesetzt?

4. *Skalierung:*
   - Angenommen, wir haben eine Skala von 0 bis 10: 0 heißt, du bist in Bezug zu deinem Entwicklungswunsch handlungsunfähig, und 10 heißt, das Ziel ist bereits in Perfektion erreicht. Wo stehst du dann gerade?
   - Wie hast du es geschafft, überhaupt schon bis dahin zu kommen?
   - Was kannst du tun, um auf der Skala eine Stufe weiterzukommen?
   - Und was kannst du tun, um dann noch eine Stufe weiterzukommen?
   - Was kannst du tun, um eine Stufe zurückzufallen?

- Willst du denn wirklich eine 10 erreichen, tut es auch die 9, oder muss es eine 11 sein?
- Wie würdest du überhaupt erkennen, dass du auf dem gewünschten Wert angekommen bist?

5. *Ergebnissicherung und nächste Schritte:*
   - Angenommen, du hast über all diese Fragen nicht nachgedacht, um welche Erkenntnis bist du dann ärmer?
   - Welche neue Idee nimmst du aus meinen Fragen für deinen Entwicklungswunsch mit?
   - Und wie würde es sich für dich anfühlen, wenn du die Idee bereits umgesetzt hättest?
   - Spricht noch etwas dagegen, den ersten Schritt zu gehen?

Beispiel: Ein Klient bittet Sie um Hilfe, weil er eine gewünschte Ernährungsumstellung nicht schafft, weil er ein körperliches Fitnessproblem alleine nicht in den Griff bekommt, weil er sich nicht zum Sport aufraffen kann oder weil ihn seine berufliche bzw. private Gesamtsituation belastet und er den gemeinsam erstellten Trainingsplan nicht einhalten kann.

▶ **Tipp**
Setzen Sie das lösungsfokussierende Interview die ersten Male genau so ein, wie es hier notiert ist. Sobald Sie etwas Erfahrung in der Durchführung gesammelt haben, können Sie an aus Ihrer Sicht passenden Stellen nach Bedarf variieren. Das bedeutet, Sie können ganze Fragen ändern oder austauschen bzw. auch deren Wortlaut an den Bedarf des Klienten anpassen. Ebenso können Sie entsprechend zum Inhalt ihre Stimme variieren sowie Gestik und Mimik bewusst einsetzen.

Noch wirksamer wird es, wenn Sie den Entwicklungswunsch des Klienten (Beispiele s. oben) gut lesbar auf eine Karte notieren. Diese Karte legen Sie dann demonstrativ zur Seite, und Sie richten Ihre ganze Aufmerksamkeit auf den Klienten und auf die Durchführung des Interviews. Dies erleichtert einen guten Kontakt sowie die Fokussierung auf Ressourcen und erste Lösungsansätze.

> **Aufgabe**
>
> Denken Sie an einen Ihrer aktuellen Klienten und an dessen Entwicklungswunsch. Beantworten Sie so weit wie möglich aus seiner Perspektive die Fragen des lösungsfokussierenden Interviews.

4.3 Stressmanagement

Zur Vollständigkeit der mentalen Interventionsbandbreite gehören in jedem Fall auch Techniken, die zur Reduktion von Stress dienen. Hierbei führt nicht eine einzelne Technik zum gewünschten Erfolg, sondern eine Auswahl an unterschiedlichen Möglichkeiten:

- *Thema des Klienten:* Er ist beruflich oder privat gestresst. Daher schafft er es nicht, z. B. regelmäßige Trainingseinheiten in seinen Alltag zu implementieren oder negative Gewohnheiten zu ändern.
- *Ziel des Coaches:* Er führt zur Verbesserung der Selbstregulation Entspannungstechniken durch und informiert über Hintergründe des Themas Stress.
- *Setting:* Diese Techniken können in jede Einheit eingestreut werden.

Stress ist in der heutzutage sehr von Technik und Wandel geprägten Welt ein allgegenwärtiges Phänomen. Sowohl der private als auch der berufliche Kontext hält viele Herausforderungen für die Menschen bereit. Im Privatleben spielt die ständige Balance zwischen Leistung, Familie, Freizeit(-stress) und Entspannung eine große Rolle. Und in der Berufswelt ist seit Jahren vom sog. VUCA-Phänomen die Rede, das vielen

Arbeitnehmern das Arbeitsleben schwermacht. Das Akronym VUCA steht für die Begriffe *volatility*, *uncertainty*, *complexity*, *ambiguity* und kennzeichnet die Arbeitsbedingungen der globalisierten Welt. Angeheizt wird dieser private und berufliche Stress durch straffe Wertevorgaben der globalen Gesellschaft. Der durchschnittliche Mensch muss heute erfolgreich, schlank, gesund, sportlich, ernährungsbewusst, gebildet, informiert sein und natürlich völlig entspannt durchs Leben gehen, um vermeintliche Anerkennung zu finden. All das führt dazu, dass wir viele sog. Selbstoptimierer um uns haben, die ständig ihr Leben und ihre Leistungen „tracken". Als ob das nicht schon genug wäre, werden die Ergebnisse mit anderen Menschen wettkampfmäßig verglichen. Möglicherweise sind die Praxen der Psychotherapeuten nicht ohne Grund überfüllt, sodass man sich bei Bedarf auf lange Wartezeiten einstellen muss.

Stress war früher – in Zeiten des stereotypen Säbelzahntigers – überlebenswichtig. Sobald der Tiger hinterhältig und hungrig aus dem Gebüsch gesprungen ist, wurde der Körper des Menschen durch Ausschüttung von Stresshormonen in einen existenzerhaltenden Fluchtmodus gebracht. In der heutigen Moderne führt Stress eher zu chronischen Krankheiten, anstatt dass er die Überlebensfähigkeit verbessert. Aber ganz ohne Stress geht es auch nicht. Wer heute behauptet, er habe zu wenig Zeit und stattdessen zu viel Stress, dem kommt nicht Mitleid als Reaktion des Umfelds entgegen, sondern einem Ritterschlag gleichend anerkennende Blick. Die Frage, ob der Mensch heute nicht mehr aufgerecht gehalten wird, brennt einem auf der Zunge, und man wünscht sich vielleicht die guten alten Zeiten des Säbelzahntigers zurück – denn dann wäre Stress wieder etwas Positives.

Auch unter Ihren Kunden sind sicherlich Selbstoptimierer, die zumindest anteilig durch das Motiv Stress in Ihre Beratung oder in Ihr Training gefunden haben. Somit wäre es für Sie sehr nützlich, wenn Sie zumindest eine kleine Anti-Stress-Intervention in petto haben. Für einige Klienten ist Stress oft aber auch der energieraubende Hinderungsgrund, um gute bzw. neue Vorsätze langfristig in die Tat umzusetzen.

Die Entwicklung einer Stressbewältigungskompetenz beziehungsweise einer Stressresilienz nennen Psychologen und

Mediziner Stressmanagement. Hierbei geht es um die Berücksichtigung folgender drei Ebenen:

1. *Instrumentelle Ebene:* Vermeidung von Stressquellen
2. *Kognitive Ebene:* Veränderung der mentalen Einstellung
3. *Regenerative Ebene:* Aktive Entspannung, Ausübung von Methoden

Auf der instrumentellen Ebene geht es ganz einfach um die Vermeidung negativer Stressoren. Im Grunde sind hierbei bestimmte Aktionen gemeint, zum Beispiel: Strukturierung der Arbeitsaufgaben, Einrichtung eines Arbeitsplatzes ohne Lärm- und Störquellen, Etablierung eines Zeitmanagements, Stärkung des sozialen Netzwerks, Einrichtung einer entspannten Wohnsituation oder sich selber Grenzen setzen (Nein sagen). Jeder Mensch lässt sich von anderen Reizen stressen. Hinterfragen Sie mit Ihrem Klienten doch einmal, welche Stressquellen in seinem Leben bereits vorhanden sind. Oft sind das Dinge, Momente oder Gewohnheiten, die schlicht nerven. Meistens gewöhnt man sich jedoch an etwas Nerviges, anstatt eine entsprechende Veränderung zu organisieren.

Die mentale Ebene ist etwas komplexer. Es geht darum, sich eigener Stress erzeugender oder verstärkender Gedanken, Einstellungen oder Bewertungen bewusst zu werden und diese nachhaltig zu ändern. Das Mindset eines Menschen entsteht im Laufe des Lebens aufgrund der jeweils gemachten Erfahrungen. Entsprechende „Denkprogramme" laufen unbewusst ab und sind daher nicht immer leicht zu identifizieren. Ziel der mentalen Stressbewältigung ist es, zu der Einsicht zu kommen, dass das eigene Mindset höchst subjektiv ist und verändert werden kann. Diese Erkenntnis hat zur Folge, gewohnheitsmäßige Denkmuster zu reflektieren und auch zu revidieren, um sich persönlich weiterzuentwickeln. Werfen Sie doch bitte noch einmal einen Blick auf Abb. 3.1. Sicherlich wäre es auch für Ihre Klienten spannend, dieses Konzept bzw. das Wissen dahinter zu verstehen und auf das Thema Stress und Wahrnehmung zu übertragen.

Auf der regenerativen Ebene geht es darum, vor einem langfristigen Hintergrund körperliche Anspannungen zu lösen, innere Unruhe und Nervosität zu lindern sowie die Widerstandsfähigkeit

4.3 Stressmanagement

gegenüber Belastungen zu stabilisieren. Um das zu erreichen, gibt es eine Reihe an Entspannungstechniken, Methoden und Übungen, zum Beispiel Atemtechnik, Meditation, Progressive Muskelrelaxation und Yoga. Jeder Mensch kann diese unterschiedlichen Ansätze erlernen. Das Ziel dabei ist es, in einen psychisch und somit auch physisch gesunden Grundzustand zu gelangen und damit Stressreizen gegenüber weniger anfällig zu sein. Zudem wird man in konkreten Stresssituationen dazu befähigt, durch das direkte Ausführen einer erlernten Technik effektiv zu reagieren.

In den folgenden Beispielen stelle ich einfache, bewährte und sehr effektive Methoden zur Stressreduktion vor. Probieren Sie mit Ihrem Klienten aus, auf welche er am besten reagiert.

Atemübung: Basic Breath (Abb. 4.2)

- Nimm eine bequeme Liege- oder Sitzposition ein und schließe deine Augen.
- Atme durch die Nase langsam tief ein (Bauchatmung).

Abb. 4.2 Basic Breath (0:43 min). Erfahren Sie diese Atemtechnik, indem Sie sich durch den Audio-Track anleiten lassen. (© Yolya/Getty Images/iStock) https://doi.org/10.1007/000-0s8

- Atme durch den Mund langsam vollständig aus.
- Wiederhole dies einige Male, bis du merkst, wie du dich insgesamt entspannter fühlst.

Atemübung: 4–4–6–6 (Abb. 4.3)

- Nimm eine bequeme Liege- oder Sitzposition ein und schließe deine Augen.
- Atme durch die Nase langsam tief ein (Bauchatmung) und zähle während des Einatmens in Gedanken ruhig bis 4.
- Halte die eingeatmete Luft so lange in deinem Körper, bis du in Gedanken ruhig erneut bis 4 gezählt hast.
- Atme durch den Mund so lange aus, bis du in Gedanken ruhig bis 6 gezählt hast.
- Warte und zähle bis 6, bevor du wieder einatmest.
- Wiederhole das (einatmen, halten, ausatmen, warten) einige Male.
- Recke und strecke dich danach.

Abb. 4.3 4–4–6–6 (1:10 min). Erfahren Sie diese Atemtechnik, indem Sie sich durch den Audiotrack anleiten lassen. (© South_agency/Getty Images/iStock) https://doi.org/10.1007/000-0s9

Meditation: Body Scan (Abb. 4.4)

- Nimm eine bequeme Sitzposition ein und schließe deine Augen.
- Nimm dir ein paar Momente Zeit, um dich erst mal zu entspannen. Schließe dabei deine Augen und lasse deinen Atem einfach fließen (versuche, deinen Atemrhythmus nicht zu steuern, lass ihn einfach geschehen).
- Fokussiere dann einzelne Bereiche deines Körpers. Nimm jeden Bereich ganz genau wahr und entspanne diese Stelle

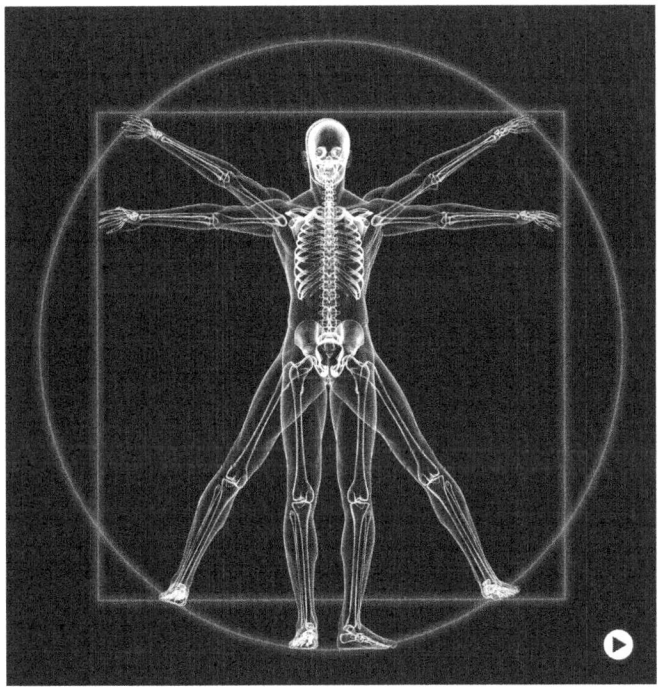

Abb. 4.4 Body Scan (2:09 min). Erfahren Sie diese Meditationstechnik, indem Sie sich durch den Audio-Track anleiten lassen. (© Devrimb/Getty Images/iStock) https://doi.org/10.1007/000-0s7

beim Ausatmen. Scanne und entspanne auf diese Weise alle Bereiche deines Körpers.
- Nimm dir nun noch etwas Zeit, um entspannt weiter zu meditieren (bitte beachte: möglichst nicht bewegen und deine Gedanken einfach vorbeiziehen lassen) und um dich langsam wieder in der „Außenwelt" zu orientieren.

Achtsamkeit: Nichts tun (Abb. 4.5)

- Lege dich bequem auf dein Bett, auf eine Couch oder auf eine Yogamatte.
- Schließe deine Augen und atme ein paar Mal tief ein und aus.
- Spüre alle Auflagepunkte deines Körpers, nimm dir für jeden Punkt bewusst Zeit und versuche, jeden Punkt zu beschreiben.
- Erspüre alle fehlenden Auflagepunkte.
- Spüre in alle deine Körperregionen einzeln hinein.
- Achte bewusst auf deine Atmung (lasse den Atem einfach geschehen).
- Verfolge den Atem vor deinem geistigen Auge, wie er in deinen Körper und in deine Lungen einströmt, wie sich die Bauchdecke hebt und senkt.
- Wechsle bewusst einmal für einige Atemzüge zwischen der Brust- und Bauchatmung und erspüre den Unterschied; variiere die Atemtiefe.
- Verändere die Position eines Armes oder Beines und erspüre mit Ruhe und Aufmerksamkeit den Unterschied zu vorher.

Abb. 4.5 Nichts tun (3:12 min). Erfahren Sie diese Achtsamkeitstechnik, indem Sie sich durch den Audiotrack anleiten lassen. (© Delphotostock/stock.adobe.com) https://doi.org/10.1007/000-0sb

▶ **Tipp** Befassen Sie sich auch mit weiteren Entspannungstechniken wie z. B. Progressive Muskelrelaxation, Autogenes Training, Fantasiereisen, Kinesiologie, Akupressur, Yoga, Feldenkrais, Eutonie und Qigong. Ihre Kunden werden es Ihnen danken. Achten Sie darauf, dass nicht jeder Gestresste auf alle Entspannungstechniken positiv reagiert, denn jeder hat andere Vorlieben. Daher ist gut, wenn Sie eine gewisse Auswahl an Möglichkeiten anbieten können. Ebenso werden viele Klienten angetan sein, wenn Sie zudem die Basics im Thema Zeitmanagement vermitteln können.

Übung

Testen Sie diese Techniken zunächst an sich selber. Wenn es Ihnen hilft, sprechen Sie die Anleitung – langsam und mit Pausen – auf eine Diktier-App und lassen Sie die Aufnahme abspielen. Besonders hilfreich sind diese Techniken, wenn man sie unmittelbar vor einer Aufgabe ausführt, die einen stresst. Versuchen Sie daher die Selbstregulation einmal, bevor Sie etwas tun müssen, was Sie als unangenehme Herausforderung empfinden.

4.4 Kontext-Transfer-Strategie

Der Coach assoziiert (d. h. mentales „Abtauchen" in eine Erinnerung) den Klienten in eine frühere Situation, die ein ähnlich strukturiertes Problem aufwies, die er damals jedoch gemeistert hat, indem er Zugriff auf passende Ressourcen (zum Beispiel neue Ideen generieren, Übersicht gewinnen, Abstand nehmen, sorgfältig durchdenken, kreativ sein) hatte. Die Kernfrage ist: Wie hat er die Situation damals gemeistert? Diesen damaligen Lösungsansatz gilt es, auf die aktuelle Problemsituation zu übertragen und nach angemessenen Lösungen zu suchen.

- *Thema des Klienten:* Seine Situation ist verfahren, und er findet keine Lösung mehr. Beispiele: Ein Team kommt mit einer Aufgabenstellung nicht weiter. Jemand fühlt sich in einem bestimmten Kontext eingeschüchtert, obwohl das eigentlich gar nicht zu ihm passt. Ein Trainer hat keine Idee mehr, wie er bessere Methoden anwenden kann.
- *Ziel des Coaches:* Er lässt den Klienten nach einer Lösung in einem anderen Kontext suchen. Dies soll ein Kontext sein, in dem der Klient normalerweise im Vollbesitz seiner persönlichen Ressourcen ist.
- *Ablauf:* Im Folgenden wird eine reale Mentaltrainingseinheit leicht gekürzt als Dialog wiedergegeben. Anhand dessen lassen sich die einzelnen Schritte des Mentaltrainers gut nachvollziehen. Wichtige methodische Hinweise finden Sie kursiv gedruckt in den Klammern nach den jeweiligen Aussagen. Einige dieser Hinweise beziehen sich auf die zwischenmenschliche Kommunikation, die ich weiterführend in Kap. 5 darstelle. Die Ausgangslage ist die, dass eine schwangere Frau im Personal Training nebenbei anmerkt, dass sie Angst vor der anstehenden Geburt hat. Sie fragt den Coach nach entsprechenden mentalen Tipps.

Coach (C): Liebe Klientin, mal angenommen, meine mentalen Tipps bringen für dich ein gutes Ergebnis, woran würdest du das erkennen? *(Auftragsklärung)*

Klientin (K): Nun, ich bin zum zweiten Mal schwanger. Die erste Geburt, die auf natürliche Weise geschah, hat mich wirklich sehr an meine existenziellen Grenzen gebracht, und ich möchte beim zweiten Mal während der Geburt in einem besseren Zustand sein. Gut wäre auch, wenn ich ab sofort keine Angst mehr vor dem Geburtstermin hätte. *(Klientin lächelt freundlich – das heißt, bei den Antworten beobachtet der Coach sehr genau den jeweiligen Zustand sowie nonverbale Signale der Klientin.)*

C: Bitte beschreibe einmal, was bei der ersten Geburt geschah und was du nun daraufhin für die zweite Geburt befürchtest. *(Thema explorieren, Problem erkennen)*

4.4 Kontext-Transfer-Strategie

K: Ich kann mich an die erste Geburt nur noch verschwommen erinnern. Ich hatte extreme Schmerzen und habe zum Teil Todesangst verspürt. Die Ärzte rannten hektisch hin und her und sagten unverständliche Sachen. Ich hörte Pieptöne und befürchtete schon die Flatline am Monitor. Kabel steckten in meinem Arm. Es war schrecklich, ich fühlte mich ohnmächtig und ausgeliefert – so kannte ich mich gar nicht, denn normalerweise habe ich das Ruder in der Hand. Ich befürchte, dass die zweite Geburt noch schlimmer wird, da ich nicht weiß, was ich tun kann oder soll, wenn ich mich wieder so ausgeliefert fühle. *(Klientin wird blass im Gesicht, hat feuchte Augen, wirkt sehr angespannt und atmet nur stockend – das heißt, sie ist voll mit dem Problemzustand assoziiert.)*

C: Danke für die Offenheit. Bitte hole einmal tief Luft und lockere deine Schultern (dies hilft, den Problemzustand über die körpersprachliche Ebene wieder zu verlassen, denn für mentales Training ist ein entspannter Grundzustand elementar wichtig). Nenne mir doch bitte mal ganz gegensätzlich eine Situation, in der du das Ruder in der Hand hast, wo du dich gut fühlst und jede Schwierigkeit meistern kannst. (Assoziieren mit Ressourcen)

K: Ja gern, das ist beim Surfen. Ich surfe seit meiner Kindheit, dabei habe ich jederzeit ein gutes Gefühl, da wirft mich so schnell keine Welle um. *(Klientin lacht, atmet wieder tiefer, bekommt mehr Farbe im Gesicht – das heißt, sie befindet sich wieder in einem ressourcenvollen Zustand.)*

C: Genau das meine ich. Sehr gut, danke. Lasse deinen Gedanken bitte freien Lauf und stelle dir so gut wie möglich vor, du bist genau jetzt in deiner Lieblingsbucht beim Surfen und alles ist perfekt. Du hast das Ruder in der Hand, du hast ein gutes Gefühl und meisterst jede Welle. Bitte beschreibe, was du gedanklich siehst, hörst, fühlst oder vielleicht sogar riechst und schmeckst. *(Aktives Zuhören – Verwendung der gleichen Wortwahl wie die Klientin; sinnesorientierte Verstärkung des guten Zustands)*

K: *(Schließt die Augen, fasst mir ihrer Hand die imaginäre Stange eines Surfsegels an, lächelt breit, atmet tief durch)* Oh ja, schön, das ist in Frankreich ein bestimmter Strand, die Sonne scheint, meine Freunde sind auch auf dem Meer, ich spüre den Wind in den Haaren, schmecke Salzwasser.

C: Und was müsste hier in Frankreich auf dem Meer passieren, dass du in eine Situation gerätst, bei der du das Gefühl hast, ausgeliefert zu sein, vielleicht Todesangst zu verspüren, das Ruder aus der Hand zu verlieren? *(Transfer des Problems in den ressourcenvollen Kontext)*

K: Ja, das kenne ich schon. Es müsste überraschend eine Welle kommen, die mich total überfordert und mich ins Wasser wirft.

C: Und wie hast du es geschafft, dort wieder das Ruder aus eigener Kraft in die Hand zu bekommen? (Aktivierung der vorhandenen Ressourcen bzw. der schon vorhandenen erfolgreichen Bewältigungsstrategie)

K: Nun, wenn ich unter Wasser bin, habe ich schon große Angst, erst recht, wenn ich Wasser schlucke und nicht sofort erkenne, wo oben oder unten ist. Je mehr ich daran denke, umso mehr Situationen fallen mir ein, wo das schon passiert ist und wo es brenzlig wurde. Ich werde dann ganz hektisch. Aber ich meistere die Situation, indem ich innerlich ruhig bleibe, mich räumlich orientiere, realistisch einschätze, wie meine Situation ist, mich nicht nur auf den fehlenden Atem konzentriere, sondern mir innerlich sage: „Ich schaffe das." Dann nehme ich sofort wieder wahr, wo oben und unten ist, ich sehe das Brett, schwimme zum Brett, ziehe mich über Wasser, halte mich fest und hole tief Luft. So habe ich das immer geschafft.

C: Und wenn du nun nochmals bitte an die bevorstehende Geburt denkst, und es kommt so, wie du es befürchtest: Du hast Schmerzen, fühlst dich ausgeliefert, hast vielleicht Todesangst

4.4 Kontext-Transfer-Strategie

... so, als ob dich überraschend eine Welle umwirft und du unter Wasser bist und nicht weißt, wo oben und unten ist. *(Transfer der Ressourcen in die Problemsituation; aktives Zuhören)*

K: Oh je, das ist ja genau das Problem, weswegen ich dich heute angesprochen habe. *(Zustand verschlechtert sich wieder)*

C: Du willst dich doch genau auf diese Situation vorbereiten, oder nicht? *(Bestätigung der Auftragsklärung und Freiwilligkeit)* Wenn dir also während der Geburt genau das widerfährt, dann tu einmal bitte mental so, als ob du dich auf dem Surfbrett befindest, als ob die Welle dich umwirft – wie bekommst du während der Geburt wieder das Ruder in die Hand? Wie wäre es, wenn du innerlich erst mal ruhig bleibst, dich räumlich orientierst, die Situation realistisch einschätzt, dich nicht auf fehlende Kraft konzentrierst, sondern dir innerlich sagst „Ich schaffe das!", wenn du wahrnimmst, wo dein Brett ist, an dem du dich festhältst und wieder tief Luft holen kannst? *(Kontexttransfer; aktives Zuhören)*

K: Hm, interessant, darüber habe ich so noch nicht nachgedacht. *(Zustand verbessert sich wieder)* Dann sehe ich mich im Kreißsaal liegen, und ich würde genau wie auf dem Surfbrett ruhig bleiben, mich an meinem Ehemann festhalten *(macht eine Greifbewegung)*, so wie ich es am Surfbrett tue, und mir immer sagen „Ich kann wieder auftauchen" *(Zustand verbessert sich weiter)* und tief atmen. Ja, das wäre eine gute Idee, so zu denken, als würde ich während der Geburt eine Welle meistern. Denn das habe ich schon oft perfekt geschafft. *(Transfer der Strategie in die Problemsituation)*

C: Ja genau, gute Idee. *(positives Verstärken)* Spricht irgendetwas dagegen, so zu tun, als ob du surfen würdest? *(Realitätscheck)*

K: Nein, ich glaube nicht. Das ist sogar eine sehr gute Idee. Und wie genau klappt das nun, dass ich während der Geburt an das denke, was wir soeben besprochen haben? Muss ich das irgendwie üben oder trainieren?

C: Nun, es könnte dir helfen, wenn du dir einen Talisman in den Kreißsaal mitnimmst, vielleicht ein Playmobil-Surfbrett, und wenn du diesen Gedanken, im Kreißsaal wieder über Wasser zu sein, hin und wieder nochmals mental durchspielst – aber bitte so, dass du in diesem mentalen Durchspielen erfolgreich handelst. *(Future Pace)* Hast du denn jetzt noch die anfangs erwähnte Angst vor dem Termin?

K: Nein, ich habe keine Angst mehr. Ich glaube sogar, ich werde das besser meistern als die erste Geburt. Und das Playmobil-Surfbrett – das mache ich auf jeden Fall. Danke für das Gespräch. *(Klientin ist am Ende des Gesprächs in einem sehr guten Zustand – das ist das Zeichen, für den erfolgreichen Abschluss in diesem Moment, denn der Coach kann kaum mit zur Geburt in den Kreißsaal kommen, um die Klientin dort zu unterstützen.)*

Gut anwendbar ist diese Intervention zum Beispiel dann, wenn ein Klient behauptet, vor einigen Jahren noch sehr sportlich und motiviert gewesen zu sein, ganz nach dem Motto: „Früher war alles besser." Im Gegensatz dazu ist er heute eher träge und gemütlich eingestellt, aber genau das möchte er gern ändern bzw. sein „früheres Ich" reaktivieren.

Ebenso eignet sich diese Technik, wenn ein Klient nicht weiß, wie er eine Veränderung in seinem Tagesablauf generieren soll, um Ziele wie bessere Fitness oder optimierte Ernährung zu erreichen. So könnten Sie ihn nach einer bereits bewältigten Situation oder Lebensphase fragen, in der er eine unliebsame Veränderung erfolgreich gemeistert hat. Sollte ihm nichts einfallen, können Sie ihm Angebote machen, beispielsweise Wechsel von der Grundschule auf eine weiterführende Schule oder Wechsel von der Schule auf eine Universität oder zu einer Ausbildung.

4.4 Kontext-Transfer-Strategie

▶ **Tipp**
Bauen Sie einen kleinen Parcours mit zwei Stationen für Ihren Klienten auf. Eine Station symbolisiert die frühere Situation, und die andere steht für die aktuelle bzw. zukünftige Situation. Positionieren Sie sich zusammen mit dem Klienten zunächst an der Markierung der früheren Situation, während Sie ihn dort nach der Art des Problems und seinem Lösungsansatz befragen. Begeben Sie sich dann gemeinsam zu der zweiten Station und helfen Sie ihm bei der Übertragung der früheren Lösung auf seine aktuelle Situation.

Diese räumliche Trennung hilft enorm, den Gedankenfluss des Klienten positiv zu steuern und einen Transfer zu ermöglichen. Es ist wie die Trennung von Eiklar und Eigelb beim Backen – für manche Rezepte ist es wichtig, dass sich beides nicht vermischt. So sinkt die Wahrscheinlichkeit, dass der Klient, wenn er eine neue Lösung sucht, im Problem der alten Situation mental „steckenbleibt". Der Parcours kann z. B. ganz einfach mit zwei Stühlen aufgebaut bzw. markiert werden.

Übung

Wenden Sie die Technik bitte bei sich selber an. Fragen Sie sich, wo Sie gerade eine Lösung bräuchten? Vielleicht bei der Frage, wie Sie neue Kunden akquirieren oder wieder mehr Zeit für sich selber finden oder neue Ansätze in Ihre Arbeit integrieren? Gehen Sie vor wie im dargestellten Dialog, indem Sie erst eine analoge Situation aus Ihrer Erfahrung finden, Lösungsansätze herausarbeiten und diese in die aktuelle Situation übertragen. Prüfen Sie, welche neuen Möglichkeiten sich so finden lassen. Selbstverständlich können Sie sich ebenso einen Parcours dafür aufbauen.

4.5 Negative Gedanken loswerden und Verhalten kontrollieren mit dem Gedankenstopp

Dies ist eine Technik, mit der man negative und einschränkende Gedanken auszublenden lernt, indem man sich auf etwas Positives fokussiert. Der Gedankenstopp ist eine typische Methode des klassischen Mentaltrainings und stammt ursprünglich aus der Verhaltenstherapie.

- *Thema des Klienten:* Er hat regelmäßig Gedanken, die ihn daran hindern, seine Ziele zu erreichen, z. B. „Ich schaffe das Training doch eh nicht" oder „Jetzt kann ich dem Schokoriegel nicht wiederstehen".
- *Ziel des Coaches:* Er arbeitet mit dem Klienten anhand von Tab. 4.1 eine Soll-Strategie, um Gedanken und Gefühlen eine gewünschte Richtung zu geben.
- *Ablauf:* Der Coach gestaltet zusammen mit seinem Klienten eine Tabelle nach dem Muster von Tab. 4.1 und erklärt ihm deren Anwendung.

In der Tabelle werden Situationen definiert, die der Klient aus seiner Sicht als zu überwindende Herausforderung ansieht. Zudem werden im Sinne eines Ist-Status dazugehörige Gedanken und Gefühle notiert. Anschließend werden im Sinne eines Soll-Status Gedanken und Gefühle definiert, die der Klient anstelle dessen denken bzw. wahrnehmen möchte. Jedes Mal, wenn der Klient sich in einer der genannten Situationen befindet und entsprechende Gedanken und Gefühle wahrnimmt, gilt es innerlich laut „Stopp!" zu sagen. Dann vergegenwärtigt man sich die definierten Wunschgedanken bzw. -gefühle. Dies führt zu einer optimierten und zielführenden Verhaltenskontrolle.

Es ist wichtig, dass der Klient in einer präzisen Selbstreflexion entsprechende Situationen findet und seine dazugehörigen Gedanken und Gefühle mit eigenen Worten beschreibt.

4.5 Negative Gedanken loswerden und Verhalten ...

▶ **Tipp**
Fertigen Sie sich eine Blankotabelle als Arbeitsblatt an und nehmen Sie diese mit zu Ihren Klienten. Alternativ kann für jeden negativen Gedanken auch eine einzelne Karte bzw. ein einzelnes Blatt geschrieben werden. Das Aufschreiben unterstützt die Klienten enorm in der Selbstreflexion. Zudem kann es

Tab. 4.1 Gedankenstopp

Situation	Negativer Gedanke	Dazugehöriges Gefühl	Stattdessen positiver Gedanke	Wunschgefühl
Training steht an	„Ich will das jetzt nicht."	Frust, Unlust	„Augen zu und durch! Nachher fühle ich mich doch immer besser."	Kampfgeist
Griff zum verbotenen Schokoriegel	„Weg mit dem Diätplan, ich *muss* diesen Riegel jetzt essen!"	Heißhunger	„Ich atme dreimal tief durch und denke daran, wie ich aussähe, wenn ich jedes Mal schwach würde."	Zuversicht
Stress in einer beruflichen Situation	„Ich brauche das jetzt echt nicht!"	Aggression	„Sollen die anderen sich doch selbst verrückt machen, ich habe in zwei Stunden Feierabend und gönne mir dann etwas Schönes."	Innere Ruhe

sehr helfen, nach Fertigstellung der Tabelle entsprechende Soll-Situationen zu visualisieren.

Um noch fokussierter vorzugehen, können Sie eine sechste Spalte ergänzen und darin die Werte eintragen, die für den Klienten in der jeweiligen Situation eine Rolle spielen. In der ersten in der Tabelle genannten Situation könnte das z. B. der Wert Selbstdisziplin sein.

Übung

Entwickeln Sie eine Gedankenstopp-Tabelle für Ihre individuellen Situationen.

4.6 Selbstmanagement mit dem Moment of Excellence

Hierbei handelt es sich um eine aus dem NLP stammende Technik, die vor allem im Leistungssport weit verbreitet ist. Im Sport geht es oft darum, seine Leistung bzw. ein ganz bestimmtes Verhalten im richtigen Moment abzurufen – ganz egal, ob der Sportler gerade dazu motiviert ist, ob ihn das Publikum unterstützt, was sein Gegner tut oder in welcher Tagesform er sich befindet. Die Technik des Moment of Excellence (Abb. 4.6 und 4.7) und erlaubt es mit ein wenig Übung, genau im richtigen Moment zu funktionieren, sich auf etwas Bestimmtes zu fokussieren, ein negatives Mindset auszublenden und eben das gewünschte Verhalten abzurufen.

- *Thema des Klienten:* Er kann sich in bestimmten Momenten nicht überwinden, etwas Sinnvolles, Zielführendes bzw. etwas Vordefiniertes zu tun.
- *Ziel des Coaches:* Er erarbeitet mit dem Klienten einen passenden Dreiklang (Gedanke, Bild, Gefühl), der ihn zielführend in seinem Selbstmanagement und in der Verhaltenskontrolle unterstützt. Zeitpunkt und innerer Zustand können dann wie auf Knopfdruck bestimmt werden.

4.6 Selbstmanagement mit dem Moment of Excellence

Abb. 4.6 Moment of Excellence. (© Delphotostock/stock.adobe.com)

- *Ablauf:* Der Coach führt wie im Folgenden beschrieben die Technik durch. Dabei geht es vor allem um die tiefe Assoziation in eine vergangene Situation und die Etablierung eines Reiz-Reaktion-Mechanismus für eine neue Situation. Die Beschreibung der Technik ist als Anleitung verfasst.

„Moment of Excellence" bedeutet sinngemäß übersetzt ein besonders ressourcenvoller Moment im Leben eines Menschen, z. B. ein Runner's High oder ein Flow-Zustand, also eine Situation, in welcher der Betreffende in einem hervorragenden Zustand, im Vollbesitz all seiner Kräfte oder einfach sehr gut drauf war. Dies kann eine Situation in jedem Lebensbereich

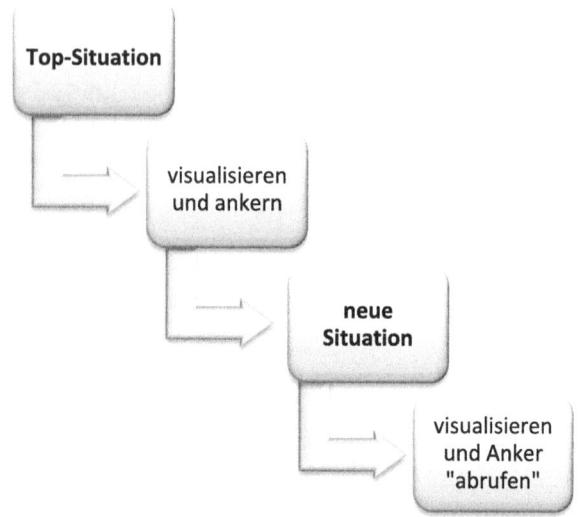

Abb. 4.7 Technik des Moment of Excellence

sein – an diese muss sich der Klient durch den Coach angeleitet intensiv erinnern bzw. intensiv assoziieren. Oft ist es sogar hilfreicher, eine Situation zu assoziieren, die in einem ganz anderen Kontext stattfand, als das zu überwindende Problem. Im Folgenden finden Sie einen detaillierten Ablauf für diese Technik:

1. Entspanne dich zunächst ein wenig in einer bequemen Sitz- oder Liegeposition. Wähle nun eine problematische Situation, in der du wünschst, in einem bestimmten innerlichen Zustand zu sein. Lege Situation und Zustand möglichst konkret fest (zum Beispiel Demotivation vor der nächsten Trainingseinheit).
2. Wähle zwei bis drei frühere Situationen, in denen du ein Maximum an Motivation, Selbstdisziplin und Energie zur Verfügung hattest. Dies können Situationen aus all deinen Lebensbereichen sein, egal wie alt du damals warst. Wähle

4.6 Selbstmanagement mit dem Moment of Excellence

eine dieser Situationen aus, und zwar die, die für dich emotional am wichtigsten ist. Nimm dir eine Karte oder einen Zettel und schreibe diese Situation mit einem Begriff gut lesbar darauf.
3. Lege dieses Papier auf den Boden. Stelle dich nun genau auf dieses Papier und tue in Gedanken – also rein mental – einmal so, als wärst du jetzt live und in Farbe wieder in dieser vergangenen Situation. Erinnere nun diese Situation so intensiv wie möglich. Lass dir bitte viel Zeit dabei, indem du dich fragst:
   – Was gibt es hier wahrzunehmen?
   – Wie habe ich mich dort gefühlt?
   – Was und wen kann ich hier durch meine Augen sehen?
   – Kann ich Geräusche wahrnehmen?
   – Taucht in meinem inneren Bild oder Film auch ein Geruch oder Geschmack auf?

4. Erlaube dir, diese frühere Situation noch einmal voll und ganz mental zu erleben, so, als wäre es jetzt. Nimm vor allem den Moment wahr, in dem „es am stärksten ist" – wie genau hast du da deine Motivation, Selbstdisziplin und Energie gespürt?
5. Stelle sicher, dass dich diese Erinnerung in einen sehr guten Zustand „pusht". Mache auf dem Höhepunkt deines Erlebens eine einfache Geste. (Du könntest zum Beispiel deine Hand zur Faust ballen, den Unterarm „gewinnermäßig" hochheben, dabei die Armmuskulatur anspannen und innerlich „Yes!" rufen.)
6. Wiederhole dies einige Male: Höhepunkt erinnern und nachfühlen – dann die Geste ausführen.
7. Schreibe nun auf ein zweites Papier einen Begriff auf, der die künftige Wunschsituation beschreibt, in der du diesen vergangenen Zustand gern zur Verfügung hättest, zum Beispiel das Wort „Training". Lege auch diesen Zettel auf den Boden und stelle dich darauf – tue innerlich so, als ob du nun genau an diesem Ort zu dieser Zeit wärst. Visualisiere nun diese künftige Situation so intensiv wie möglich. Lass dir bitte viel Zeit dabei, indem du dich fragst:

- Was gibt es hier wahrzunehmen?
- Wie werde ich mich dort fühlen?
- Was und wen kann ich hier durch meine Augen sehen?
- Kann ich Geräusche wahrnehmen?
- Taucht in meinem inneren Bild oder Film auch ein Geruch oder Geschmack auf?

8. Führe nun deine Geste aus Schritt 5 nochmals durch und nimm wahr, wie sich die gleiche Motivation, Selbstdisziplin, Energie und Kompetenz in dir bemerkbar macht, die du früher in einer bestimmten Situation erlebt hast. Nimm wahr, wie du durch das Ausführen deiner Geste wie von allein in einen positiven Zustand wechselst. Visualisiere dich nun selber in diesem guten Zustand – bitte ausführlich und mit viel Zeit – und wie du in der künftigen Situation in einem Zustand von Motivation, Selbstdisziplin und Energie erfolgreich handelst.
9. Entspanne dich noch mal wie zu Beginn der Übung. Überlege dir, wann und wo du diese Übung (bzw. nur das „Ritual" aus Schritt 8) regelmäßig wiederholst. Stelle sicher, dass nichts dagegenspricht, beim nächsten Mal in diesen mentalen Zustand durch Ausführen dieser immer gleichen Geste zu wechseln.

Diese Technik wird gern eingesetzt, weil sie relativ einfach durchzuführen und zugleich sehr wirksam ist. Nahezu jeder Profisportler nutzt diese Technik mehrmals vor und in Wettkämpfen. Sinn ist es, nicht zufällig seine Leistung, seine Aggressivität oder einen anderen positiven Zustand zur Verfügung zu haben oder eben nicht zu haben, denn sonst wäre man seinen eigenen biochemischen Reaktionen, dem Unterbewusstsein, den Umständen und dem Gegner passiv ausgeliefert. Man ruft also absichtlich genau das ab, was man in jeder Situation braucht.

In diesem Beispiel hat der Klient das Problem, abends nach Feierabend nicht mehr genug Motivation und Selbstdisziplin

4.6 Selbstmanagement mit dem Moment of Excellence

für sein Training aufzubringen. Somit erinnert er sich detailreich an eine Situation, in der er es schon mal geschafft hat, sich zu überwinden. Anders als in beim Kontext-Transfer (Abschn. 4.4) geht es hier aber nicht darum, eine Art mentale Lösungsstrategie zu erarbeiten, sondern das eigene Verhalten mithilfe innerer und emotionaler Zustände zu steuern. Das Etablieren eines Reiz-Reaktion-Mechanismus, ein sog. Anker, erleichtert das Vorgehen. Das funktioniert so gut, weil Menschen im Alltag ohnehin ganz häufig von solchen Konditionierungen gesteuert sind und das Unterbewusstsein einfach darauf reagiert.

▶ **Tipp** Diese Technik funktioniert am besten, wenn Sie diese nicht im normalen Gespräch beiläufig einstreuen, sondern Ihrem Klienten ganz konkret eine ca. 15-minütige Mentaltrainingseinheit anbieten. Empfehlen Sie ihm, den erarbeiteten Anker auch ohne Ihr Beisein für eine Woche einmal täglich zu „aktivieren". Bei Bedarf können auch mehrere Anker für ein und dieselbe Situation etabliert werden.

Übung

Versuchen Sie Ihre ohnehin schon vorhandenen Alltagsanker bewusst zu enttarnen. Wo und wie wird Ihr Verhalten reflexartig gesteuert, und welche Reize liegen dem zugrunde? Bremsen Sie vielleicht ganz automatisch, wenn Sie eine rote Ampel sehen? Bekommen Sie möglicherweise Hunger, wenn Sie eine Werbung von einer sehr leckeren Speise sehen? Und woran denken Sie, wenn Sie z. B. in der Fußgängerzone zufällig das Parfum Ihrer ersten großen Liebe wahrnehmen? Experimentieren Sie mit dieser Technik und etablieren Sie eigene Anker, die für Sie in bestimmten Situationen nützlich sein werden.

4.7 Motivation erzeugen und aufrechterhalten

Viele Klienten durchleben normalerweise nach einer ersten Phase der Zusammenarbeit mit ihrem Trainer oder Berater ein Motivationstief. Das ist völlig normal und hat erst mal nichts mit mangelnder Motivationsfähigkeit des Trainers zu tun. Denn der Mensch kann als Gewohnheitstier bezeichnet werden. Das bedeutet, dass Regelmäßigkeit und Gewohnheiten von den meisten Menschen gegenüber Neuem und Innovation vorgezogen werden. Man klammert sich gern an seinen Ritualen innerhalb der persönlichen Komfortzone fest – dies zu ändern, ist nicht immer einfach. Auch wenn man weiß, was man ändern sollte (z. B. weniger rauchen, mehr Sport treiben, anders ernähren), fällt eine Umstellung nicht immer leicht.

Viele Klienten erleben die erste Phase der Zusammenarbeit mit einem Trainer oder Berater als inspirierend, motivierend und aktivierend. Sie ist mit einem positiven Gefühl verbunden, und erste Erfolge etwa hinsichtlich Sport oder Ernährung sind schon sichtbar. Doch nach etwa sechs bis acht Wochen stellt sich eine in Studien nachweisbare Stagnation der Motivations- und Erfolgskurve ein. Das ist leider viel zu oft genau der Zeitpunkt, zu dem auch die Kooperation mit einem Coach endet – obwohl gerade jetzt eine Extraportion Unterstützung nötig wäre. Weil den Klienten diese Stagnation der Motivations- und Erfolgskurve durchaus bewusst wird, übernimmt die Macht der Gewohnheiten wieder das Steuer, und es heißt abermals: Couch statt Sport, Schokolade statt Salat, Hüftgold statt Waschbrettbauch. Dabei geht es einfach nur darum, sich dieses vorhersehbaren Tiefpunktes bewusst zu sein und ihn zu überstehen. Denn danach steigt die Motivations- und Erfolgskurve stetig weiter an, und neues Verhalten wird wiederum zu einer Gewohnheit. Das Gute an den Gewohnheiten ist letztendlich, dass man sich auch Positives aneignen kann, das dann mit der Zeit zum favorisierten Verhaltensmuster innerhalb der persönlichen Komfortzone wird.

Es ist häufig zu erleben, dass Klienten vor, während und auch nach diesen sechs bis acht Wochen das Bedürfnis äußern, mehr Motivation zur Verfügung zu haben. Viele erwarten dabei *die eine* Motivationsspritze, die es ganz einfach richtet. Doch meiner Erfahrung nach gibt es nicht *die eine* Motivationsspritze. Jeder Mensch reagiert auf andere Motivationsfaktoren. Wie die Herkunft des Wortes „Motivation" (vom lateinischen *movere* für „bewegen") schon erahnen lässt, geht es um die Frage, was den einzelnen Menschen bewegt. Die einen reagieren eher auf intrinsische Motivationsfaktoren – das sind jene Antreiber, die Menschen durch die Erfüllung persönlicher Werte in Bewegung versetzen, sprich motivieren. Und die anderen reagieren eher auf extrinsische Motive – das sind Antreiber, die durch äußere Reize anspornen. So lassen sich manche Menschen allein schon durch die Hoffnung bewegen, den Wert der Gesundheit in ihrem Leben durch ihr Tun zu verbessern. Manch anderer wird erst dann aktiv, wenn ihn der Trainer „kickt", wenn Menschen in seinem Umfeld Komplimente und Anerkennung für seine Taten aussprechen oder wenn eine Belohnung in Aussicht gestellt wird. Und weil somit sprichwörtlich viele Wege nach Rom führen, möchte ich folgend mehrere gut funktionierende Motivationstechniken für den Kontext Training und Beratung aufzeigen.

4.7.1 Ziele, Werte und Vision

Erarbeiten Sie mit dem Klienten ein Ziel, so wie es in Abschn. 4.1 dargestellt ist. Legen Sie dabei einen besonderen Fokus auf den Wert, den das Ziel für den Klienten bedeutet bzw. erfüllen kann. Wenn jemand Sie gebucht hat, weil er beispielsweise abnehmen möchte, so ist abnehmen erst mal nur der Wunsch – oder andersherum gedacht ist Übergewicht das Problem. Welcher Wert aber steckt für diesen Menschen hinter diesem Wunsch bzw. Problem? Das Warum ist für viele Menschen der Hauptgrund, die Bequemlichkeit der Komfortzone zu verlassen. Laut einer Studie von 2017 sind in Deutschland etwa 52,7 % der Erwachsenenbevölkerung gemessen am Body-Mass-Index übergewichtig. Dennoch hat nicht jeder dieser Menschen den Wunsch abzunehmen. Warum also möchte ausgerechnet Ihr Klient abnehmen? Es reicht nicht aus, diesen Wunsch einfach so hinzunehmen.

Bohren Sie lieber mit gezielten Fragen nach, bis Sie das entsprechende Warum gefunden haben. Will er abnehmen, weil er schlecht atmen kann, weil er einen neuen Partner sucht, weil er sich nicht mehr wohl fühlt, weil er eine Stoffwechselproblematik hat oder weil er seinen Beruf nicht mehr ausüben kann? Die Frage nach dem Warum gilt selbstredend auch für alle anderen Anliegen, die Klienten an Sie richten.

Achten Sie somit bei der Zieldefinition darauf, das Warum ganz klar herauszuarbeiten und dem Klienten zu spiegeln. Legen Sie des Weiteren bei der Visualisierung des bereits erreichten Ziels besonderes Augenmerk darauf. Das bedeutet, dass Sie mit Ihren Worten lebhaft ausmalen, wie es dem Klienten geht, was er tun kann und erleben wird, wenn er seinen Wert durch das Ziel irgendwann einmal verwirklicht hat. So fokussieren Sie den Dreiklang des Mentaltrainings (Gedanke, Bild, Gefühl) auf den zentralen Wert, der im Anschluss an das Gespräch mit Ihnen für eine hohe Emotionalisierung, Motivation und nachhaltige Verhaltensänderung sorgen kann (Abb. 4.8).

4.7.2 Visionboarding

Visionboarding ist eine einfache, aber elegante und kreative Methode, die der Klient als Hausaufgabe zwischen den Einheiten mit Ihnen erledigen kann. Bei dieser materiellen Visualisierungstechnik wird auf einer Pinnwand oder auf einem großen Blatt eine Collage angefertigt. Nachdem der Klient seinen Traum, sein Ziel, seinen Entwicklungswunsch mit Ihnen definiert hat, gilt es, kreativ zu werden. Er darf ausschneiden oder selber gestalten und das dann auf dem Visionboard anbringen: Fotos von sportlichen Menschen oder Vorbildern, Rezepte, Motivationssprüche, Zitate, Fotos von Gegenständen oder Gerichten, Artikel, Checklisten, Termine, Namen, Symbole usw. – alles ist erlaubt. Dieses Visionboard sollte möglichst prominent platziert werden, damit es häufig einsehbar ist.

Abb. 4.8 Der vergrabene Schatz (2:58 min). Diese kurze Geschichte (Bucay 2008) regt an, über die Themen Ziele und Visionen nachzudenken. Geben Sie diese Metapher an Ihre Kunden weiter, wenn Sie diese zur Erreichung eines Ziels motivieren möchten. Wie Sie darüber hinaus noch mit Metaphern arbeiten können, erfahren Sie in Abschn. 4.7.8. (© Christian Horz/stock.adobe.com) https://doi.org/10.1007/000-0sc

4.7.3 Selbstmotivation mit dem Moment of Excellence

Diese Methode haben Sie in Abschn. 4.6 bereits als Konditionierungstechnik kennen gelernt. Durch das Antrainieren eines Reiz-Reaktion-Mechanismus kann an die Ausführung einer Geste just in time eine bestimmte mentale bzw. emotionale Konsequenz gekoppelt werden. Somit entsteht die Fähigkeit, sich nahezu wie auf Knopfdruck zu steuern. Somit kann diese Intervention auch als eine Möglichkeit zur Motivationssteigerung eingesetzt werden. Ihre Klienten werden sehr begeistert sein, wenn Sie entsprechende psychologische Tools beherrschen und vermitteln können.

Sollte Ihr Klient z. B. mit dem Motivationsproblem zu kämpfen haben, dass er sich abends nach seinem Feierabend nicht mehr zu einer Sporteinheit oder zum Anrichten eines gesunden, aber vielleicht aufwendigen Gerichts aufraffen kann, wäre der Einsatz eines Moment of Excellence perfekt. Sie definieren ein Gefühl bzw. ein Mindset, das der Klient in dieser Situation brauchen würde, um sich zielführend zu verhalten. Dieser Wunschzustand sollte ihm aus einer eigenen Biografie heraus gut bekannt sein. Durch das intensive Nacherleben einer entsprechenden Situation und das Ankern einer Geste entsteht der Reiz-Reaktion-Mechanismus. Im Moment der fehlenden Motivation kann er sich durch Ausführung seines Ankers besser selbst steuern. Denkbar wäre es, den Zustand des disziplinierten Durchhaltens an eine geballte Faust zu koppeln. Sobald sich der Klient bewusst wird, dass er nun eigentlich zum Sport gehen oder auf die Tüte Kartoffelchips verzichten muss, ballt er seine Faust, und er wird das Gefühl des disziplinierten Durchhaltens erleben. Damit entsteht genug Motivation, um den inneren Schweinehund zu überwinden.

Als ganz einfache Variante dieser Methode wäre es denkbar, anstatt einer Geste einen visuellen Anker einzusetzen. Das kann beispielsweise ein ganz einfacher Klebezettel sein, den man mit der Aufschrift „Lass den Kühlschrank jetzt zu – dein Heißhunger wird in zwei Minuten ganz von alleine verflogen sein. Halte durch und mache stattdessen 2 x 15 Liegestütze! Du wirst stolz auf dich sein!" direkt und gut sichtbar an der Kühlschranktür platziert.

4.7.4 Motivation mit den 4 W erzeugen

Wer sich motivieren will, sollte sich zunächst fragen, was er eigentlich will. Dann gilt es zu klären, ob und wie dieser Wille zu realisieren ist. Die vier Schritte bzw. die 4 W in Abb. 4.9 verdeutlichen, was mental geschieht, um Motivation zu erzeugen.

Um das an einem konkreten Beispiel zu verdeutlichen: Angenommen, Sie stehen vor einem höchst unangenehmen Prüfungstermin und müssen sich nun dafür vorbereiten. Jetzt

4.7 Motivation erzeugen und aufrechterhalten

WAS
(Ziel)

WOZU   **MOTIVATION**   **WARUM**
(Erfolg)   (Antrieb)

WIE
(Können)

Abb. 4.9 Motivation mit den 4 W

haben Sie die Wahl: Motivation erzeugen oder eben nicht! Wie können Sie mental unterscheiden und steuern, ob Sie Motivation erzeugen oder nicht?

1. *Motivation erzeugen:*
   - Wissen, was man will: Fragen Sie sich, was Ihr persönliches Ziel dabei ist.
   - Wissen, warum man es will: Ergründen Sie Ihren Antrieb und erzeugen Sie ein positives Gefühl zu der Aufgabe.
   - Sicherstellen, dass man entsprechend handeln kann: Legen Sie fest, was Sie bis wann tun müssen, und sorgen Sie dafür, dass Ihnen nichts im Weg steht.
   - Ergebnis erwarten: Machen Sie sich klar, welchen Vorteil Ihnen die zu investierende Mühe bringt. Versprechen Sie sich eine Belohnung und genießen Sie diese.

2. *Keine Motivation erzeugen:*
   - Nicht wissen, was man will: Fokussieren Sie nur auf die damit verbundenen Mühen.
   - Nicht wissen, warum man es will: Entwickeln Sie eine „Egal-Einstellung" und ein negatives Gefühl.
   - Verhindern, dass man entsprechend handeln kann: Erfinden Sie Ausreden, warum Sie es nur unter größten Mühen oder gar nicht schaffen werden.
   - Kein Ergebnis erwarten: Glauben Sie, dass Ihnen das Lernen und die Prüfung keinen Vorteil bringen.

Wenn Sie sich nicht bewusst entscheiden, welche der beiden Möglichkeit Sie verfolgen wollen, wird gewiss das Unterbewusstsein für Sie entscheiden. Viele Entscheidungen werden unterbewusst getroffen, und im Nachhinein kommt der ärgerliche Gedanke auf: „Warum habe ich damals nur so entschieden, das kann ich jetzt nicht mehr nachvollziehen." Das Unterbewusstsein ist der heimliche Entscheider. Es geht nämlich gern den bequemen Weg und meint, einem damit sogar einen Gefallen zu tun, weil es vor dem unangenehmen Weg bewahrt. Es ist daher klüger, wenn man selber und ganz bewusst entscheidet, welche Wahlmöglichkeit man bevorzugt. Oft kostet der sprichwörtliche Biss in den sauren Apfel für den Moment die höhere Überwindung – doch der zu erwartende Gewinn ist meist höher und entschädigt für die entstandenen Unannehmlichkeiten. Die Ausrede „Dafür war ich nun mal nicht ausreichend motiviert" im Falle eines Misserfolgs und die daran geknüpften Konsequenzen wird man sich vielleicht irgendwann nicht verzeihen können.

Genauso können Sie auch mit Ihren Klienten vorgehen, um Motivation zu erzeugen. Sprechen Sie die 4 W an und überprüfen Sie, welcher Inhalt jeweils dahintersteckt. Die folgende Übung hilft Ihnen, mit den 4 W vertrauter zu werden und diese zielführend zu vermitteln (Abb. 4.10).

Übung

Motivationscheck: Wenn Sie für eine Aufgabe nicht motiviert sind, dann finden Sie unbedingt heraus, was daran hindert, um

4.7 Motivation erzeugen und aufrechterhalten

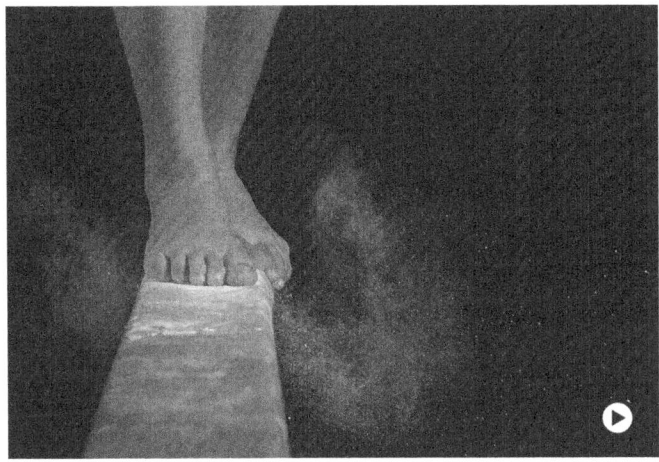

Abb. 4.10 Von der Kunst, auf einer Linie zu gehen (6:26 min). Diese Geschichte (Kuhn 2019) regt an, über die Themen Motivation und Disziplin nachzudenken. Geben Sie diese Metapher an Ihre Kunden weiter, wenn Sie diese zur Erreichung eines Ziels motivieren möchten. (© K_Lang/Getty Images/iStock) https://doi.org/10.1007/000-0sd

motiviert zu sein. Ordnen Sie Ihre Gedanken den folgenden vier Parametern zu:

1. Was/Ziel: Fehlt Ihnen ein konkretes Ziel, ist die Aufgabe zu vage formuliert?
   Maßnahme: Definieren Sie die Aufgabe als Ziel nach dem SMART-Muster in Abschn. 4.1.
2. Warum/Antrieb: Wissen Sie nicht, warum diese Aufgabe für Sie wichtig ist?
   Maßnahme: Lassen Sie sich etwas Zeit dabei, einen wirklich guten Grund zu entdecken. Fragen Sie auch Freunde, welchen guten Grund sie darin erkennen können.
3. Wie/Können: Ist Ihnen klar, was Sie wann und wie dafür tun müssen?
   Maßnahme: Entwickeln Sie einen Plan, der mithilfe vieler kleiner Schritte zum Ziel führt.

4. Wozu/Erfolg: Haben Sie ein klares Ergebnis vor Augen? Maßnahme: Stellen Sie sich bildlich vor, wie Sie in baldiger Zukunft diese Aufgabe erfolgreich erledigt haben werden, und entwickeln Sie ein gutes Gefühl zu diesem Bild.

4.7.5 Feedbackdusche

Die Feedbackdusche ist eine ganz einfache Möglichkeit, wie der Kunde mithilfe seines sozialen Umfelds Motivation aufbauen kann. Allgemein bekannt ist der Tipp, dass man beispielsweise Freunde, Arbeitskollegen oder Lebenspartner über Ziele wie Abnehmen, Sporttreiben, Ernährungsumstellung oder Rauchentwöhnung informiert. So können die entsprechenden Personen nicht nur kontrollieren, sondern im Zweifel auch gut zureden.

Etwas anders – aber mit einer ebenso motivierenden Wirkung – funktioniert die Feedbackdusche. Diese Methode wird auch als Teambuilding-Tool in Sportmannschaften und Unternehmen angewendet und hat ihren Ursprung in der Systemischen Beratung und der Supervision. Dabei bittet der Klient Personen aus seinem näheren Umfeld ganz einfach um positives Feedback. Die Personen zählen dabei dem Klienten seine guten Fähigkeiten, die er zur Zielerreichung einsetzen kann, auf. Ebenso können sie seine besonderen Charaktermerkmale, vergangene Erfolgsmomente, motivierende Worte, spezifisches Wissen, Liebenswertes usw. spiegeln. Natürlich ist es auch erlaubt – gern mit einem humorvollen Augenzwinkern – seine Schwächen anzusprechen.

Die meisten Menschen sind über die Menge und den Inhalt der Rückmeldungen völlig überrascht und folglich positiv aktiviert. Am besten gelingt diese Methode, wenn der Klient besonders nahestehende Personen zu einer Feedbackdusche einlädt und – neben einem Gläschen Wein – Moderationskarten verteilt. Diese werden von den Personen mit den entsprechenden Rückmeldungen beschrieben und an den Klienten überreicht bzw. erläutert. Natürlich darf sich der Klient anschließend revanchieren und ebenso positives Feedback spiegeln.

4.7.6 Mindset der Motivation

Bei nahezu allen Motivationstechniken geht es darum, den Willen absichtlich steuern zu lernen und Motivation bei Bedarf gezielt zu erzeugen. Fast alle Techniken und Tipps laufen auf die Idee hinaus, dass man Motivation vor allem durch die Definition von persönlichen und an Werten orientierten Zielen steigern kann. Wir brauchen nämlich in vielen Situationen nicht unbedingt mehr Motivation, sondern eher attraktive und klare Ziele. Denn wer etwas Bestimmtes erreichen will, der beginnt zu handeln und ist automatisch motiviert. Und wer ein Ziel erreichen muss, das er eigentlich gar nicht erreichen will, der braucht eigentlich nicht mehr Motivation, sondern vielmehr ein attraktiveres Ziel.

Motivation ist die Summe vieler Faktoren, etwa Antrieb, Erwartungshaltung, Wille und Können – die Umstände sind die psychologischen Parameter für das Maß der Motivation. Es gibt aber auch organisatorische und soziale Faktoren. Die Motivation ist ausgeprägter und langfristiger, wenn man gut organisiert ist und einen klaren Handlungsplan für seine Ziele ausgearbeitet hat. Zudem ist es sehr hilfreich, wenn man Unterstützung von seinem sozialen Umfeld erfährt. Auch der Einsatz von mentalen Techniken ist ein legitimes Mittel zur Motivationssteigerung. Selbst Entspannung und Abwechslung können über ein Motivationstief hinweg helfen.

Insofern ist es eine ganz pragmatische und zugleich nützliche Idee, das Mindset der Motivation Ihres Klienten einmal zu hinterfragen und auf den Prüfstand zu stellen. Was und wie denkt er über Motivation? Wie kommt er auf die Idee, mehr Motivation zu benötigen bzw. demotiviert zu sein? Hat er ein unklares oder ein wenig attraktives Ziel, das er eigentlich gar nicht verfolgen will?

Aus meiner Erfahrung heraus kann schon diese kritische Reflexion helfen, Motivation zu erzeugen oder aber festzustellen, dass die vermeintliche Demotivation eher eine Art Denkfehler des Klienten ist. Bieten Sie dem Klienten die folgenden Aussagen an, um sein Mindset zum Thema der Motivation zu hinterfragen und ggf. zu optimieren:

- Man braucht nicht ein Mehr an Motivation, sondern eher ein klares Ziel. Denn wenn man genau weiß, was man will, fängt man ohnehin an zu handeln, und die Frage nach der Motivation spielt gar keine Rolle mehr.
- Motivation ist Luxus, man braucht sie nicht, denn es gilt: Ziel setzen – Ziel erreichen – fertig!
- Motivation ist die Summe mehrerer Teile. Wo fehlt ein Teil (welches?), damit mehr Motivation da ist?
- Wille und harte Arbeit sind wichtiger als Talent und Motivation. Wer etwas will, der muss auch dafür kämpfen, weil das nun mal der Weg ist.
- Verzicht und Schmerz sind in Wirklichkeit zeitweise aufgeschobener Gewinn und Stolz.
- Erfolg ist das Ergebnis von guten Zuständen – und dann erst von harter Arbeit. Wer hart arbeiten will, der kann das tun, aber bitte in einem guten Zustand: „Work smart – not hard. But train hard – and keep smart."

Aufgabe

Denken Sie über diese sechs Aussagen zum Thema Motivation nach. Was genau denken Sie persönlich darüber? Inwiefern beeinflussen diese Aussagen Ihre eigene Einstellung zum Thema der Motivation? Was sagen Ihre Trainer- bzw. Beraterkollegen zu den Aussagen? Wie könnte wohl einer Ihrer Klienten darauf reagieren, der ein Problem mit seiner Motivation hat?

4.7.7 Der Coach als Vorbild

Letztendlich sind auch Sie als Trainer bzw. als Berater ein Faktor der Summe von Motivation. Ihr Auftreten, Verhalten, Aussehen, Wirken sowie Ihre mentale Einstellung beeinflussen den Klienten indirekt. Je besser Ihre kommunikative Verbindung zu ihm ist, umso mehr können Sie den Vorbildfaktor passiv nutzen und transferieren.

Tipp Sammeln Sie mehrere motivierende Sinnsprüche und lassen Sie diese zusammen mit Ihrem Logo und einem passenden (Stock-)Foto auf eine Postkarte drucken. Am besten beauftragen Sie damit einen Grafikdesigner Ihres Vertrauens. Drucken Sie pro Karte einen Spruch und fügen Sie ggf. auf die Rückseite noch Ihre Kontaktdaten hinzu. Damit haben Sie nicht nur eine sehr hochwertige Visitenkarte, sondern Sie können an Ihre Klienten zu Beginn oder zum Abschluss einer bzw. jeder Einheit eine Karte verschenken. Neben der motivierenden Wirkung haben Sie so auch noch etwas Nachhaltiges für Ihre Kundenbindung getan und eine Grundlage für ein Empfehlungsmarketing geschaffen, denn solche Karten werden gern im Freundeskreis gezeigt und weitergereicht.

4.7.8 Metaphern einsetzen

Metaphern wirken so intensiv wie Filme. Bedenken Sie: Ein Bild sagt mehr als 1000 Worte. Metaphern, Filme und Geschichten handeln oft von einem Protagonisten, der ein Problem lösen muss und über einen Spannungsbogen am Ende der Story erfolgreich wird. Je ähnlicher der Protagonist oder die Story einem Zuhörer bzw. einem Kinobesucher ist, umso mehr kann er sich mit der Erzählung identifizieren. Und durch die Kombination von Identifikation und Happy End entsteht letztendlich Motivation. Als Beispiel erzähle ich Ihnen die Geschichte von den zwei Fröschen im Milchtopf:

> In der Nähe eines Bauernhofes stand ein Eimer. Zwei Frösche kamen vorbei und waren neugierig, was da wohl im Eimer sei. Also sprangen sie mit einem mächtigen Satz in den Eimer hinein.

> Es stellte sich aber heraus, dass das keine gute Idee gewesen war, denn der Eimer war halb gefüllt mit Milch. Da schwammen die Frösche nun in der Milch, konnten aber nicht mehr aus dem Eimer springen, da die Wände zu hoch und zu glatt waren und sie keinen festen Halt hatten. Der Tod war ihnen so gut wie sicher.

Der eine der beiden Frösche war verzweifelt und jammerte: „Wir müssen sterben, hier kommen wir nie wieder heraus!" Und er hörte mit dem Schwimmen auf, da alles ja doch keinen Sinn mehr hatte. Der Frosch ertrank in der Milch.

Der andere Frosch aber sagte sich: „Die Sache sieht nicht gut für mich aus. Aber ich gebe noch lange nicht auf. Ich bin ein guter Schwimmer, ich schwimme, solange ich kann."

Und so stieß der Frosch kräftig mit seinen Hinterbeinen und schwamm im Eimer herum. Immer weiter. Er schwamm und schwamm und schwamm. Und wenn er müde wurde, munterte er sich selbst immer wieder auf. Tapfer schwamm er immer weiter, mit einer unglaublichen Ausdauer.

Und irgendwann spürte er plötzlich unter seinen Füßen eine feste Masse. Ja tatsächlich – da war keine Milch mehr unter ihm, sondern eine feste Masse. Durch das Treten hatte er die Milch zu Butter geschlagen! Nun konnte er aus dem Eimer in die Freiheit springen und war gerettet. (Fabel von Äsop, ca. 600 v. Chr.)

Manchmal reden die Menschen von sich aus und ganz intuitiv in einer metaphorischen Rhetorik. Sie sollten diese sprachlichen Bilder in Ihrer Antwort spiegeln. Kommentiert ein Klient beispielsweise den von Ihnen erstellten Trainingsplan mit „Das ist aber hartes Brot, was Sie mir da vorgeben", könnte Ihre Antwort lauten: „Hartes Brot ist doch besser als Wackelpudding, nicht wahr? Und davon hatten Sie vor unserer Zusammenarbeit offensichtlich genug." Drückt er sein zu erreichendes Ziel aus mit den Worten „Ich möchte mich frei wie ein Vogel fühlen", könnten Sie beispielsweise sagen: „Und wohin würden Sie als Erstes fliegen?" Oder: „Dann stärken wir jetzt mal mit den Hanteln Ihre Flügel!"

Das Spiegeln der Rhetorik – wie in diesem Falle von Metaphern – stärkt blitzartig die kommunikative Verbindung zum Klienten. Selbst provokative Aussagen, die bewusst wachrütteln sollen, können Sie darüber gut platzieren. Es gibt mehrere Möglichkeiten des Spiegelns, auf die ich in Abschn. 5.4 noch genauer eingehe.

▶ **Tipp** Sammeln Sie motivierende Metaphern, Geschichten, Biografien, Zitate, Filme, Erzählungen usw. und setzen diese gezielt für Ihre Klienten ein. Ebenso sind Beispiele aus Ihrem Leben, von Freunden und Bekannten sowie von anderen Klienten erlaubt.

Übung

Denken Sie über folgende Fragen nach: Wie wirkt diese Geschichte mit den zwei Fröschen auf Sie? Was ist die Kernaussage? Wie würden Sie diese Geschichte bei einem Ihrer Klienten einsetzen?

4.8 Schwächen in Stärken verwandeln

Es gibt Tage, da will – Ihnen oder dem Klienten – einfach nichts gelingen. Alles geht schief, Selbstzweifel dominieren die Zielpläne, und die Motivation befindet sich auf dem Nullpunkt. Die notwendige und optimistische Fokussierung auf Ziele ist nicht ansatzweise existent, geschweige denn die Motivation, irgendetwas Sinnvolles zu tun. Vor allem aber ist die Laune im Keller, weil sich der Fokus im Verlauf des Tages nur noch auf die eigenen Schwächen und auf das, was nicht klappt, richtet. Jetzt kann nur noch ein ordentlicher Motivationsschub helfen – doch wie soll man diesen in so einem negativen Zustand bekommen?

- *Thema des Klienten:* Er glaubt nicht daran, dass er die Fähigkeiten zur Zielerreichung entwickeln oder anwenden kann, und sieht vor allem nur seine Schwächen und Probleme.
- *Ziel des Coaches:* Er ändert die Perspektive und fokussiert auf Stärken.
- *Setting:* Diese Technik kann in jedes Gespräch eingestreut werden.

Was in so einem Fall hilft, ist die Reframing-Technik. „Reframing" ist der psychologische Fachbegriff dafür, etwas aus einer anderen Perspektive oder in einem anderen Denkrahmen zu betrachten. Haben Sie zum Beispiel ein Glas Wasser vor sich, in dem sich bis zur Hälfte Wasser befindet, können Sie aus einer pessimistischen Einstellung heraus behaupten, dass dieses Glas halb leer ist. Wenn Sie Ihre Einstellung nun ändern und dasselbe Glas Wasser optimistisch betrachten, dann wäre es aus dieser Sicht halb voll – und das macht einen wichtigen Unterschied im Vergleich zu halb leer aus. Ebendiese Veränderung der Sichtweise ist ein Reframing.

Möchte man ein Ziel erreichen, kann es sehr nützlich und effektiv sein, die eigene Einstellung kritisch zu hinterfragen. Ist die Einstellung nicht zielführend, sollte sie geändert werden. Es ist dann sinnvoll zu überlegen, welche Einstellung zielführender wäre, und sich zu entscheiden, sie nach und nach zu ändern – das ist mittels Reframing möglich. Alle Menschen haben Schwächen. Doch erfolgreiche Menschen setzen auf ihre Stärken. Niemand erzielt Erfolge, indem er darauf fokussiert, was er nicht gut kann. An Tagen, an denen die eigenen Schwächen das Geschick und die Laune bestimmen, befindet man sich sozusagen in einem geschwächten Zustand. Es wäre aber angesichts der persönlichen Ziele wesentlich effektiver, wenn man sich in einem gestärkten Zustand befände.

Mit der folgenden Übung schaffen Sie es, sich und Klienten aus einem Launetief schnell zu befreien, wieder auf Stärken zu fokussieren und handlungsfähig zu werden. Die Grundannahme dieser Reframing-Technik ist, dass hinter jeder vermeintlichen Schwäche eine Stärke steckt. Somit ist alles bzw. jede charakterliche Eigenschaft eine Form von Kompetenz. Ob diese Kompetenz als Schwäche oder Stärke ausgelegt wird, ist Ansichtssache und verhandelbar.

Dazu ein Beispiel: Jemand behauptet eine Entscheidungsschwäche zu haben. Welche Stärke und welche Kompetenz versteckt sich nun dahinter? Wie kommt die Person zu der Annahme, dass es sich hierbei um eine Schwäche handelt? Diese Entscheidungsschwäche ist aus Sicht der Person entstanden, weil sie extrem gut und detailreich analysieren kann. Diese Analyse

4.8 Schwächen in Stärken verwandeln

fällt leider oft zu umfangreich aus und erschwert anstehende Entscheidungen. Das macht sich daran bemerkbar, dass die Person zum Beispiel attraktive Jobangebote ablehnt, weil es neben den Pro-Argumenten auch immer so viele ungewisse Kriterien gab. Diese Person kann wahrscheinlich viel besser analysieren als Menschen ohne Entscheidungsschwäche und hat interessante Möglichkeiten regelrecht „kaputt analysiert". Das Reframing besteht nun daraus, die Stärke hinter der vermeintlichen Schwäche wahrzunehmen und zu fokussieren – eine außergewöhnlich hohe Analysekompetenz anstatt einer Entscheidungsschwäche. Diese Person hat nun die freie Wahl, ob sie mental darauf fokussiert, mit einer Entscheidungsschwäche oder lieber mit einer starken Analysefähigkeit durchs Leben zu gehen. Entscheidet Sie sich für Letzteres, wird es ihr gelingen, mit ebendieser Analysefähigkeit Kriterien festzulegen, anhand derer sie künftig punktgenaue Entscheidungen treffen kann. Die Entkräftigung der Schwäche kommt also nicht durch den Kampf gegen sie, sondern vielmehr durch eine Verwandlung zustande. Der Reframing-Zaubervorhang geht zu – und wenn er sich wieder öffnet, steht an der gleichen Stelle eine strahlende Stärke.

Natürlich gibt es auch ganz reale und „harte" Schwächen. Wenn jemand eine Fremdsprache lernt, aber grundsätzlich kein Talent für Sprachen hat, so wird ihn diese Technik nicht wirklich weiterbringen. Dieses Reframing ist eher für „weiche" Stärken und Schwächen gedacht. Es erfordert ein wenig Übung, um sozusagen um die Ecke zu denken und selbst in schwierigen Situationen auf seine Stärken zu fokussieren. Doch wenn das gelingt, meistert man Herausforderungen eher, als wenn man auf seine Schwächen setzt. Hier sind noch ein paar Beispiele, in denen die Perspektive gewechselt wird, sodass man positiver über sich denken und eine ungeahnte Kompetenz nützlich einsetzen kann:

- Schwäche: Keine Lust auf Sport am Abend
  Stärke/Reframing: Gut auf das Bauchgefühl hören können; zum Frühsport überwinden
- Schwäche: Keine Kondition und Ausdauer vorhanden
  Stärke/Reframing: Luft nach oben und Potenzial haben

- Schwäche: Keine Lust auf gesunde Nahrungszubereitung
  Stärke/Reframing: Sinn für Effektivität
- Schwäche: Schlechte Beweglichkeit
  Stärke/Reframing: Einsicht sowie Statik sind schon mal vorhanden
- Schwäche: Termin mit Trainer/Berater kurzfristig absagen
  Stärke/Reframing: Flexibilität und Spontanität sind machbar
- Schwäche: Langsames Arbeiten
  Stärke/Reframing: Sich konzentriert Zeit nehmen; Fehler vermeiden

Wie nutzt und dosiert der Klient nun diese Stärken, um seine Ziele zu erreichen? Oder möchte er weiterhin glauben, dass dies eigentlich Schwächen sind?

Aufgabe

Nennen Sie drei Ihrer Schwächen. Suchen Sie aktiv nach der darin versteckten Kompetenz, indem Sie einmal anders darüber nachdenken. Am besten funktioniert dies zusammen mit einem Sparringspartner. So können Sie selbst zum Sparringspartner Ihres Klienten werden und dessen Schwächen in Stärken verwandeln.

4.9 Update für ein erfolgreiches Mindset

Die Dinge, die ein Mensch im Laufe seines Lebens erreicht, sind Ergebnisse seines direkten Verhaltens. Das Verhalten wiederum entspringt seinen persönlichen Einstellungen und Charaktereigenschaften. Ein Mensch, der die Einstellung hat, dass man „im Leben etwas erreichen" sollte, der wird entsprechend handeln und vielleicht ein erfolgreiches Unternehmen gründen oder aber sich sozial besonders engagieren. Und diese Person wird insbesondere dann Erfolg haben, wenn ihre Vorhaben zu ihrem Charakter passen. Diese Kombination aus persönlicher Einstellung und Charaktereigenschaften, die letztendlich das Verhalten bestimmt, wird von sogenannten Glaubenssätzen

4.9 Update für ein erfolgreiches Mindset

„gesteuert". Glaubenssätze sind sozusagen die Software, die den Menschen zu dem machen, was er ist und tut.

- *Thema des Klienten:* Er wird von seinen pessimistischen Einstellungen und einschränkenden Glaubenssätzen daran gehindert, Ziele anzugehen.
- *Ziel des Coaches:* Er leitet anhand von Fragen ein Gespräch, das die kritische Reflexion des Mindset sowie das Erzeugen neuer Denkmuster ermöglicht.
- *Setting:* Diese Technik kann in jede Einheit als Gespräch eingestreut werden.

Es liegt auf der Hand, dass jeder Mensch bedingt durch seine individuelle Sozialisation und seinen Erfahrungshintergrund andere Glaubenssätze entwickelt. So kann es beispielsweise sein, dass jemand die Erfahrung gemacht hat, dass sportliche Menschen unsympathisch sind. Dessen Verhalten – sprich dessen Einstellung – wird dann so ausgelegt sein, dass er es für sich selber nicht erstrebenswert findet, sportlich zu sein. Denn sonst würde er ja auch zu dem Typus der unsympathischen Menschen gehören. Ergo richtet er sein Verhalten darauf aus, in erster Linie ein sympathischer Mensch zu sein, nicht aber ein sportlicher. Das ist vielleicht auf den ersten Blick ein vertrackter Gedanke, aber sehr real. Solche Glaubenssätze entwickeln sich meist unbewusst, und man bekommt gar nicht mit, wie sehr diese Einstellungen das eigene Verhalten und somit den eigenen Erfolg beeinflussen. Oft sind vorgeschobene Ausreden der vermeintliche Grund dafür, nicht erfolgreich oder sportlich zu sein. Die häufigsten Ausreden beziehen sich darauf, dass entweder andere Menschen oder die Umstände den persönlichen Erfolg verhindert haben. Es ist gar nicht so leicht, den Grund für Misserfolge bei sich selber zu suchen. Denn das kostet nicht nur Mut, sondern vor allem ist psychologisches Know-how gefragt.

Die gute Nachricht ist jedoch, dass jeder Mensch seine Glaubenssätze ändern und auf eigene Ziele oder erwünschte Erfolge hin ausrichten kann. Man muss nur entsprechende Einstellungen zuerst identifizieren, kritisch hinterfragen und dann entscheiden, ob man sich weiterhin von ihnen steuern lassen möchte oder nicht.

Glaubenssätze sind höchst subjektiv und hängen wie erwähnt von der individuellen Lebensentwicklung ab. Dennoch gibt es sehr viele Einstellungen, die Menschen in einem ganzen Land miteinander teilen. Denn das verbindet letztendlich und schafft eine gemeinsame Wertekultur. In Bezug auf das Thema Erfolg lauten einige weit verbreitete Glaubenssätze zum Beispiel wie folgt:

- Nur wer hart arbeitet, der wird Erfolg haben.
- Von nichts kommt nichts.
- Wer ganz oben ist, der kann tief fallen.
- Jeder kann Erfolg haben, man muss es nur wollen.
- Wer erfolgreich ist, der hat viele Neider.
- Es ist doch für jeden Menschen erstrebenswert, erfolgreich zu sein.
- Erfolgreiche Menschen sind Egozentriker und gehen über Leichen.
- Erfolge machen süchtig nach mehr.
- Ich bin unsportlich (oder: unmusikalisch, mathematisch unbegabt etc.).
- Ich bin nun mal ein wenig fülliger als andere – da kann man nichts machen.

Bestimmt haben Sie diese Aussagen so oder in ähnlicher Weise schon einmal gehört. Dies spricht dafür, dass diese vermeintlichen Weisheiten sehr verbreitet sind. Wie Sie sehen, gibt es einerseits Glaubenssätze, die eher auf ein erfolgreiches Handeln hin ausgerichtet sind. Andererseits gibt es Einstellungen, die einschränkend sind und eher nicht dazu führen, dass jemand erfolgreich handelt, wenn er diesen Glauben vertritt. So läuft der Satz „Wer ganz oben ist, der kann tief fallen" auf ein bestimmtes Verhalten hinaus, und zwar darauf, sicherheitshalber nicht erfolgreich zu sein – denn wer will denn schon tief fallen?

Die Einstellung „Nur wer hart arbeitet, der wird Erfolg haben" klingt in gewisser Weise motivierend, denn sie gibt eine ganz einfache Anleitung für den Erfolg preis. Auch dieser

4.9 Update für ein erfolgreiches Mindset

Glaubenssatz steuert das Verhalten auf unbewusste Weise ganz entscheidend. Wer so denkt, der kann sich nicht vorstellen, dass Erfolg möglicherweise einfacher zu haben ist als ausschließlich durch harte Arbeit – ganz egal, ob das hartes Training bedeutet oder den Verzicht auf bestimmte Lebensmittel oder etwas ganz anderes. Die Vorstellung von harter Arbeit impliziert zudem den Gedanken, dass es ein mühsamer, langwieriger und anstrengender Weg sein wird – oder dass harte Arbeit automatisch zum Erfolg führt. Es gibt genügend Gegenbeispiele, in denen Menschen mit wenig Aufwand große Erfolge feiern konnten und sogar noch Spaß dabei hatten: Musiker oder Autoren, die mit nur einem Hit beziehungsweise Bestseller finanziell für den Rest ihres Lebens ausgesorgt haben, oder Unternehmer, die mit einer einzigen Idee sehr erfolgreich wurden und nun andere Menschen – vielleicht sogar hart – für sich arbeiten lassen. Dennoch ist gerade dieser Glaubenssatz in unserem Kulturkreis weit verbreitet. Nahezu jeder scheint diese Einstellung zu teilen. Das führt eben dazu, dass in Deutschland sehr hart gearbeitet wird – weil man ja sonst nicht erfolgreich sein kann.

Es wird schnell deutlich, dass solche Einstellungen einfach „da" sind. Viele dieser Glaubenssätze nimmt man im Laufe seines Lebens von den Eltern oder der Gesellschaft einfach auf. Dabei würde ein Update der verhaltenssteuernden und kritischen Software vielleicht sehr nützlich sein. Viele Menschen haben zum Beispiel den Glauben, dass Erfolg nur anderen zusteht – nicht aber ihnen selber. Oder aber, dass Erfolg maßgeblich vom Glück abhängt und nicht durch das eigene Denken und Verhalten beeinflusst werden kann. Welches Mindset bräuchte Ihr Klient, damit er überhaupt erfolgreich sein kann? Welche seiner Einstellungen müsste er dafür ändern?

Die folgende Intervention basiert auf der Tatsache, dass Glaubenssätze subjektiv sind und geändert werden können. Denn die richtige Einstellung ist die Grundlage für erfolgreiches Handeln. Um diejenigen Glaubenssätze zu ändern, die Ihren Klienten einschränken, seine Ziele zu erreichen, müssen Sie entsprechende Denkweisen identifizieren und hinterfragen. Probieren Sie dann aus, wie es sich auswirken würde, wenn der

Klient stattdessen mit einer anderen und neuen Sichtweise durch sein Leben gehen würde. Lassen Sie ihn dann die Entscheidung treffen, ob er sich lieber von der alten oder von der neuen Denkweise steuern lassen möchte.

Auch diese Intervention ist im Grunde eine Art Interview, bei dem zum Teil sehr provokative Fragen gestellt werden. Dies hilft jedoch, einschränkende Glaubenssätze kritisch zu hinterfragen. Gleichzeitig wird man dabei unterstützt, eine neue und effektivere Einstellung zu erarbeiten. Nehmen Sie sich ca. 15 min Zeit dafür.

Bitten Sie den Klienten zuerst, an seine Ziele – mehr Fitness, mehr Körperdefinition, weniger Gewicht, optimierte Ernährung etc. – zu denken. Fragen Sie ihn dann, welche Einstellung ihn bislang daran hinderte, diese Ziele zu erreichen. Schreiben Sie die entsprechenden Glaubenssätze auf (am besten gut sichtbar auf Moderationskarten) und stellen Sie ihm die folgenden Fragen.

- Was haben dich diese Glaubenssätze gekostet?
- Was hast du aufgrund dieser Überzeugungen verloren?
- Wie und wie oft haben dich diese Denkweisen eingeschränkt?
- Wie haben sie deine Beziehungen beeinflusst?
- Welche unangenehmen Emotionen hast du durch diese Glaubenssätze erlebt?
- Wie viel Energie haben dir diese Überzeugungen bisher abverlangt?
- Wie viele und welche Dinge hast du deswegen nicht begonnen?
- Was werden dich diese Glaubenssätze in der Zukunft kosten?
- Wie geht es dir, wenn du daran denkst, was du hättest haben können, wenn du diese Einschränkungen nicht gehabt hättest?
- Gehe gedanklich fünf Jahre in die Zukunft. Welche Konsequenzen haben deine Glaubenssätze für die nächsten fünf Jahre? Beantworte folgende Fragen:
    - Wie siehst du in fünf Jahren, vor einem Spiegel stehend, aus?
    - Was hast du innerhalb dieser fünf Jahre nicht begonnen zu tun?

- Wie haben deine Glaubenssätze deine Lebensqualität vermindert?
- Wo stehst du beruflich?

- Gehe weitere fünf Jahre in die Zukunft. Welche Konsequenzen haben deine Glaubenssätze hier? Beantworte folgende Fragen:
  - Wie siehst du, vor einem Spiegel stehend, aus?
  - Was hast du innerhalb dieser fünf bis zehn Jahre nicht begonnen zu tun?
  - Wie haben deine Glaubenssätze deine Lebensqualität vermindert?
  - Wo stehst du beruflich?
  - Wie beweglich bist du mental und körperlich?
  - Welche Werte hast du?
  - Sind andere gerne mit dir zusammen?
  - Wie weit bist du ein Vorbild für Jüngere?
  - Wie sehr bedauerst du, dass du deine einschränkenden Glaubenssätze damals (sprich heute) nicht bearbeitet hast?

- Pause: Stehe auf und recke dich! Atme tief ein und aus!
- Wie in einem Märchen hast du nun einen Wunsch frei. Du darfst dir ein gutes Gefühl und einen positiven, kraftvollen inneren Zustand wünschen! Nimm jetzt eine Siegerpose ein und sprich zu dir: Ich erreiche meine Ziele mit Leichtigkeit!
- Streiche nun deine einschränkenden Glaubenssätze entschieden durch!
- Notiere zwei bis drei neue Glaubenssätze, die du anstelle der alten lieber glauben möchtest!
- Welche positiven Konsequenzen haben diese neuen Aussagen für dein (erfolgreiches, sportliches, gesundes) Leben?
- Gehe gedanklich von heute an fünf Jahre in die Zukunft und erlebe für einen Moment die positiven Konsequenzen der neuen Denkweise. Beantworte folgende Fragen:
  - Wie wird sich dein Leben durch die neuen Glaubenssätze in den dann letzten fünf Jahren bereichert haben?
  - Wie gut fühlst du dich damit?
  - Inwieweit haben sich deine Beziehungen verbessert?

- Inwieweit haben sich deine beruflichen Möglichkeiten verbessert?
- Du stehst gedanklich wieder vor einem Spiegel und fragst dich: Wie kommt es, dass ich so gut aussehe?
- Was konntest du aufgrund deiner neuen Überzeugungen beginnen und was beenden?
- Was tust du, was du dich vorher nicht getraut hättest?
- Was hast du jetzt schon in deinem Leben erreicht?
- Was steht dir jetzt noch alles offen?
- Wie gut fühlst du dich damit, dass du andere Menschen begeistern kannst und ein Vorbild für andere geworden bist?

- Gehe weitere fünf Jahre in die Zukunft und genieße, wie frei du bist, was du alles erreicht hast und wie du deine Werte ausgelebt hast.
- Gehe gedanklich weitere zehn Jahre in die Zukunft. Wenn du dann auf dein Leben zurückschaust, sei dankbar, dass du vor 20 Jahren – heute – jene Glaubenssätze geändert hast.

Hierzu ein Beispiel: Ein Stabhochspringer schafft trotz Erfolge und entsprechender Leistungen im Training die Qualifikation für einen wichtigen Wettkampf nicht. Im Coaching stellt sich heraus, dass sein Vater als sehr erfolgreicher Unternehmer einmal kurz vor der Insolvenz stand und die Familie eine Zeit lang große finanzielle Probleme zu bewältigen hatte. Dies geschah in seiner Jugend, und unbewusst entwickelt er so die Einstellung „Wer ganz oben ist, der kann tief fallen".

Man überlege sich ganz wörtlich und bildlich, wie es für einen Stabhochspringer ist, tief zu fallen. Natürlich fällt er (im Sport betrachtet) weich und kennt sich damit aus, doch das Unterbewusstsein wollte ihn an dieser Stelle in seinem Leben vor einem möglichen Scheitern bewahren. Sein Unterbewusstsein hat dieses Mindset auf mehrere Lebensbereiche sowie auch auf die wichtige Qualifikation übertragen. Im Gespräch konnte der Glaubenssatz anhand dieser Interviewtechnik wieder vom Sport und von der eigenen Person getrennt werden.

▶ **Tipp**
Drängen Sie keine Glaubenssätze auf, indem Sie dem Klienten z. B. sagen: „Du schaffst alles, was du willst. Du musst nur fest daran glauben." Sie erreichen dessen Mindset effektiver, wenn Sie über Fragen kommunizieren, etwa so: „Du glaubst, du kannst etwas nicht schaffen? Wie kommst du denn auf den Gedanken? Was und wie müsstest du denken, um es dennoch zu schaffen oder zumindest einen kleinen Schritt voranzukommen? Wie könnte ich dich davon überzeugen?" So wirkt auch diese Intervention. Sie müssen das Interview nicht eins zu eins auswendig lernen. Für eine treffsichere Anwendung reicht es, die Fragen sinngemäß zu beherrschen.

Übung

Hinterfragen Sie mit dieser Intervention Ihre eigenen einschränkenden Glaubenssätze und generieren Sie ein Update für Ihr Mindset.

4.10 Werte und Alignment

Wer kennt das nicht: Man ist von einer Idee (mehr Sport treiben, Ernährung umstellen etc.) begeistert und beginnt mit der Umsetzung. Nach einer gewissen Zeit schleichen sich aber die gewohnten Muster wieder ein, und man verfällt zurück in seine Komfortzone.

- *Thema des Klienten:* Er kann sich schwer vorstellen, sein Leben bzw. seine Verhaltensweisen und Gewohnheiten zielführend und nachhaltig zu ändern.
- *Ziel des Coaches:* Er überprüft und richtet Werte, Motive und Selbstverständnis neu aus.
- *Setting:* Die folgenden zwei Techniken sollten wenn möglich als gesondertes Gespräch abseits des Trainings oder der Beratungsgespräche als eigene „Einheit" stattfinden.

Wie schon in Abschn. 4.7 erwähnt, hat im Grunde jeder nach einigen Wochen mit einem Motivations- und Leistungstief zu kämpfen. Manchmal ist diese Stagnation auf einen Wertekonflikt zurückzuführen. Einerseits treiben dann Werte wie z. B. etwas Neues zu schaffen, sich verbessern zu wollen oder schlicht der Wert der Gesundheit das Verhalten an. Andererseits sind da immer noch Werte von Gemütlichkeit, Entspannung oder der Sicherheit der Gewohnheiten, die einem einen Strich durch die Rechnung machen.

Um diesen Wertekonflikt auszuhebeln, hilft es, sich der antreibenden Werte einmal bewusst zu werden und diese auf ein Ziel hin in Einklang zu bringen. Etwas weiter gedacht geht es auch darum, alle Ebenen der Persönlichkeit – vom Verhalten über die Werte bis hin zu einem höheren Sinn des eigenen Tuns – aufeinander abzustimmen. Im Folgenden lernen Sie zwei Techniken dazu kennen und anzuwenden. Die Techniken drehen sich inhaltlich um diese Fragen: Woran macht Ihr Klient fest, dass er ein zufriedenes Leben führt? Warum und wozu hat er Sie eigentlich gebucht? An welchen Parametern nimmt er Einstellungen vor, um auf Zufriedenheit in seinen Lebensbereichen hinzuarbeiten?

Beispiel: Ein Klient steckt so sehr in seinen Mustern fest, dass eine Verhaltensänderung für ihn kaum denkbar ist. Seine Alltagsroutinen sind dermaßen fest verkrustet, dass man als Coach gar nicht weiß, wo man zuerst ansetzen soll. Neben Gesundheit, Sport, Ernährung etc. gibt es noch weitere Themen in seinem Leben (z. B. Job, Familie, Fahrtwege, Verpflichtungen, Hobby, Privatleben), die zwar keine bedrohliche Problemlage darstellen, sich jedoch letztendlich so verzahnen, dass Werte wie z. B. Gesundheit ganz einfach von Zeitmanagement-Problemen blockiert werden. Eine Klarstellung der Werte und ein Abgleich bzw. eine Neustrukturierung der persönlichen Ebenen sind ein guter und ganzheitlicher Ansatz, die Gesamtsituation zu ändern und somit neue Verhaltensweisen zu erzeugen.

▶ **Tipp** Lassen Sie den Klienten insbesondere die Technik „Ist-Soll-Abgleich der Persönlichkeitsebenen" visualisieren, je einmal die Ist- bzw. die Soll-Situation.

Nutzen Sie für Ihre Kommunikation die Technik „aktives Zuhören" (Abschn. 0).

Übung

Führen Sie beide Techniken zunächst mit sich selbst und dann mit einem Probanden durch, bevor Sie mit einem realen Klienten zusammenarbeiten.

4.10.1 Werte definieren

Menschen, die ein zufriedenes und erfülltes Leben führen, behaupten von sich, dass sie ihr Verhalten an ihren Werten orientieren. Sie tun Dinge, die sie wirklich wollen, die ihnen wichtig sind und die das Gefühl vermitteln, ein selbstbestimmtes Leben zu führen. Dieses Prinzip zieht sich so weit wie möglich durch jedwedes Verhalten im Job sowie im Privaten. Und Menschen, für die beispielsweise Ethik ein wichtiger Wert ist, lenken ihr Leben in eine bestimmte Bahn. Sie zeigen mit ihrer Persönlichkeit ein bestimmtes Verhalten im Freundeskreis – mit Sicherheit ein anderes als jemand, für den finanzielle Sicherheit der höchste aller Werte ist – und gestalten auch die Berufswahl entsprechend zum Wert. Vielleicht werden diese Menschen beispielsweise Richter, Anwalt, Philosoph, Sozialpädagoge oder Journalist. Wenn der Job zum Wert Ethik passt, werden diese Menschen nicht nur beruflich, sondern auch privat glücklich. Wäre hingegen Taxifahren der aktuelle Job eines Menschen, für den Ethik ein hoher Wert ist, wäre es sehr fraglich, ob er Erfüllung in seinem Beruf finden kann.

Mit dem Begriff „Werte" sind die immateriellen Dinge im Leben gemeint. Es geht eben nicht um die Anhäufung gegenständlicher Werte wie Häuser, Autos oder volle Bankkonten. Gemeint sind Werte wie z. B. Liebe, Harmonie, Sicherheit sowie Umweltbewusstsein, Zuverlässigkeit, Ehrlichkeit bis hin zu Frieden, Fairness oder Pünktlichkeit. Ein wichtiger Parameter für ein erfülltes Leben sind somit die eigenen Werte. Auch das

Thema der Gesundheit ist ein solcher Wert, der sich bei jedem Menschen auf andere Weise und zu unterschiedlichen Zeitpunkten im Leben bemerkbar macht. Zu wissen, was im Leben wertvoll erscheint, und auf die Verwirklichung seiner Werte hinzuarbeiten, ist ein enormer Motivationsschub sowie ein Plus an Lebensqualität und Zufriedenheit.

Stellen Sie als Mental Coach die Parameter Ihres Klienten auf Erfüllung und Zufriedenheit ein. Mit der folgenden Übung können Sie festlegen, welche Werte und unterschiedlichen Lebensbereiche für ihn wichtig sind, und schauen Sie, was er schon wie erreicht hat bzw. wo er noch nachbessern muss.

Füllen Sie die Tabelle nach dem Muster von Tab. 4.2 gemeinsam mit Ihrem Klienten so aus, dass seine momentane Lebenssituation darin gespiegelt ist. In den horizontalen Spalten tragen Sie wichtige Werte und Lebensbereiche ein. Die bereits notierten Begriffe sind als Beispiele gemeint – finden Sie bitte eigene Begriffe für jede Spalte.

Ordnen Sie dann in der Vertikalen jedem Wert oder Bereich eine Zahl von 0 bis 10 zu. Diese Zahl drückt aus, inwieweit der Klient diesen Wert bereits lebt oder inwieweit ein Bereich bereits realer Teil seines Lebens ist. Machen Sie einfach ein X in das entsprechende Feld. 0 bedeutet, dass er diesen Wert noch gar nicht lebt bzw. dass er diesen Bereich noch gar nicht in sein Leben integriert hat, obwohl ihm beides wichtig wäre. Zehn bedeutet hingegen, dass er diesen Wert voll auslebt oder eben diesen Bereich seines Lebens schon so ausgebaut hat, wie er es sich vorstellt. Sobald die Tabelle vollständig ausgefüllt ist, können Sie überlegen, was der Klient bei jeder Spalte tun sollte, um einen höheren Wert zu erreichen.

Es ist sehr wichtig, sich sowohl über die eigenen Werte klarzuwerden als auch darüber, welche Lebensbereiche noch ausgebaut werden sollten. Und es erfordert durchaus ein wenig Zeit, darüber nachzudenken und entsprechende Begriffe zu definieren. Besonders gut geht das mit dieser Tabelle, weil man einfach sehen kann, wie es um die Ist-Situation steht und wo Verbesserungspotenzial brachliegt. Eine Verbesserung der Bewertungen bringt den Anwender jedes Mal ein Stückchen weiter hin zu einem erfüllten und zufriedenen Leben. Alleine

4.10 Werte und Alignment

Tab. 4.2 Werte definieren

Skala	Werte und Bereiche							
	Sport	Freunde	Familie	Bewegung	Schlaf	Job	Ernährung	Sonstiges
10								
9								
8								
7								
6								
5								
4								
3								
2								
1								
0								

schon das Wissen, dass und an welchen Parametern man arbeiten kann, ist bereits ein Motivationsbeschleuniger.

Sollte Ihr Klient bei einem wichtigen Wert oder in einem Lebensbereich eine Bewertung von 0 bis 3 angeben, so ist er in dieser Hinsicht mit seiner Lebensgestaltung wahrscheinlich noch sehr unzufrieden. Überlegen Sie, was er tun kann, um zu einem späteren Zeitpunkt eine bessere Bewertung abzugeben. Fertigen Sie gemeinsam einen Maßnahmenplan mit einer Deadline oder visualisierte SMART-Ziele dafür an.

Bewertungen zwischen 4 und 7 bedeuten, dass man schon auf einem guten Weg ist. Verbesserungen sollten hier erst dann gemacht werden, wenn man an den Werten und Lebensbereichen mit einer niedrigeren Bewertung gearbeitet hat.

Bewertungen zwischen 8 und 10 bedeuten, dass dieser Parameter wahrscheinlich voll und ganz in sein Leben integriert ist. Um das beizubehalten, ist es ein guter Tipp, sich ab und zu darüber klarzuwerden, was man diesbezüglich schon erreicht hat.

Wenn man nach einiger Zeit Verbesserungen erarbeiten konnte, dann gilt es darauf zu achten, in möglichst vielen Spalten mindestens die Bewertung 6 vergeben zu können. Das sollte das Minimalziel sein, um eine ausgewogene Wertebilanz sowie eine positive und optimistische Lebenseinstellung zu haben. Es ist nicht zu jeder Zeit möglich, immer Bewertungen von 9 oder 10 zu erreichen. Diese Tabelle spiegelt letztendlich den Verlauf der Höhen und Tiefen des Lebens wider. Mal haben jene Werte und Bereiche Priorität oder Platz im Leben, mal sind es andere.

Auch diese Werte-Tabelle können Sie mit dem Dreiklang kombinieren. Lassen Sie Ihren Klienten visualisieren, wie sein Leben aussähe, wenn er einem bestimmten Wert Priorität gibt und sein Verhalten danach ausrichtet. Welcher innere Dialog und welche Emotionen gehören dann dazu?

4.10.2 Ist-Soll-Abgleich der Persönlichkeitsebenen

Man kann die individuelle Situation eines jeden Menschen anhand von sechs Persönlichkeitsebenen aufgliedern. Wenn diese Ebenen keinen Werte- bzw. Zielkonflikt aufweisen, kann der Mensch sich voll auf seine Entwicklung konzentrieren. Es wird ihm gelingen, sein Umfeld zielführend zu gestalten, seine Fähigkeiten einzusetzen bzw. auch neue Kompetenzen zu erlangen, gewünschtes Verhalten zu entwickeln sowie sein Mindset darauf einzustellen.

Tab. 4.3 stellt die sechs Ebenen dar und zeigt, welche Fragestellungen jeweils daran geknüpft sind. Für den Klienten gilt es, darauf Antworten zu formulieren. (Die Antworten in der rechten Spalte stammen als Beispiel von einem Klienten.) Am besten wird diese Intervention so eingesetzt, indem zuerst die Ist-Situation erfasst wird. Anschließend werden mit denselben sechs Ebenen Parameter für eine Soll-Situation festgelegt (Tab. 4.4). Außerdem sollte ein Zeitpunkt für das Erreichen der Soll-Situation bestimmt werden. Noch effektiver wird dieses Vorgehen für den Klienten, wenn Sie ein SMART-Ziel im Nachgang formulieren und im Sinne des Dreiklangs des Mentaltrainings ein Bild von der Soll-Situation visualisieren.

Die Fragen zu diesen sechs Ebenen können Sie als freies Brainstorming durchführen und mitschreiben. Ebenso elegant ist es, das bei einem Spaziergang oder gar einer Laufrunde durch den Park zu tun. Dann sollte man sich aber die Antworten gut merken können.

Dadurch, dass sich der Klient mithilfe der Ebenen vollumfänglich reflektiert, wird er eigene Schwachstellen bei seiner Lebensführung erkennen und dem richtigen „Hebel" zuordnen können. Denn manchmal ist eine Erkenntnis auf der Ebene des Kontexts ausschlaggebend (z. B. weil kein Fitnessstudio in der Nähe ist), und manchmal ist es eine Einsicht im Bereich der Identität (z. B. dass man Sport eigentlich gut findet bzw. fand), mit der man eine langfristige Verhaltensänderung generieren kann. Jeder Mensch ist anders – und dem wird diese Technik gerecht!

Tab. 4.3 Persönlichkeitsebenen „Ist"

6 Ebenen (Ist-Situation)	Frage	Antworten *(Beispiele)*
Kontext	Wo lebe ich derzeit?	In Köln, ganz in der Nähe von einem Park und einem Bio-Supermarkt.
	Wer sind die wichtigsten Menschen in meinem Leben?	Meine engsten Freunde und meine Familie.
	An welchen Orten bin ich regelmäßig?	Eigentlich fast nur auf der Arbeit, auf der Couch oder an der Imbissbude.
	Wie steht es um meinen Körper?	Zu wenig Bewegung, Übergewicht, zu viel Fast Food.
Verhalten	Was tue ich hauptsächlich in diesen Kontexten?	Leider zu wenig, was mir Freude bereitet.
Fähigkeiten	Welche Fähigkeiten habe ich?	Ich bin gut im Organisieren und bin sehr zuverlässig.
	Welche Fähigkeiten möchte ich erlernen?	Vieles, aber mir fehlt die Zeit: Karate hat mich schon immer interessiert.
	Welche Fähigkeiten habe ich lange nicht mehr angewendet?	In meiner Jugend habe ich einige Jahre Klavier gespielt, und es hat mir Spaß gemacht – das habe ich schon ewig nicht mehr getan. Ebenso bin ich früher in einem Verein geschwommen und habe Wettkämpfe besucht.
Werte	Was ist mir derzeit wichtig?	Mir ist es wichtig, gute Freunde und Spaß im Leben zu haben. Letzteres fehlt mir im Moment, da ich mich nicht gut bzw. nicht fit fühle.
	Was sind meine Überzeugungen?	Ich bin überzeugt davon, dass vor allem Zusammenhalt und persönliche Entwicklung wichtig sind.
	Welche immateriellen Werte habe ich in meinem Leben?	Meine höchsten Werte sind Offenheit und Ehrlichkeit. Den Wert der Gesundheit habe ich die letzten Jahre nicht wirklich beachtet.

(Fortsetzung)

Tab. 4.3 (Fortsetzung)

6 Ebenen (Ist-Situation)	Frage	Antworten *(Beispiele)*
Identität	Wer bin ich eigentlich?	Ich bin jemand, der eigentlich ehrgeizig ist.
	Was ist mein Selbstverständnis?	Ich möchte im Leben etwas erreichen und für Freunde immer da sein.
	Was ist meine derzeitige Rolle?	Mir klar zu werden, wer ich bin, und zu verstehen, dass ein neuer Lebensabschnitt ansteht.
	Wo gehöre ich hin?	Gute Frage …
Sinn	Was könnte aufgrund der bisherigen Antworten der momentane Sinn meines Lebens sein?	Der momentane Sinn könnte sein zu erkennen, dass ein Motivationstief nur temporär ist, dass ich mich aufraffe und wieder Freude erlebe. Es macht immer Sinn, nach vorn zu blicken und das Thema Gesundheit anzugehen.

4.11 Allgemeine mentale Coaching-Tipps für die Arbeit mit Klienten

- *Den Ist-Zustand genau kennen:* Machen Sie eine ausführliche Anamnese des Ist-Zustands. Sie wissen um die Einschränkung, die sich durch körperliche Beschwerden oder Unverträglichkeiten ergeben. Doch fragen Sie auch die Alltagsgewohnheiten im Rahmen einer „explorierenden Anamnese" ab. So lassen sich ggf. Verhaltensänderungen besser in die Verhaltensmuster einflechten – oder Sie erfahren Dinge, die die Zusammenarbeit noch mehr einschränken können als körperliche Beschwerden oder Unverträglichkeiten (z. B. erhöhter Alkoholkonsum, Schlafprobleme, abgeschlossene oder aktuelle Therapiebesuche).
- *Kleine Meilensteine:* Kleine Schritte, dafür regelmäßig gegangen, erzeugen neurologisch gesehen eher positive Verhaltensänderungen und somit Erfolge als wenige große

Tab. 4.4 Persönlichkeitsebenen „Soll"

6 Ebenen (Soll-Situation)	Frage	Antworten *(Beispiele)* Ziel-Datum: __ **heute plus x** ___
Kontext	Wo lebe ich in der Soll-Situation?	Immer noch in Köln, aber ich nutze vermehrt den Park und den Bio-Supermarkt.
	Wer sind die wichtigsten Menschen in meinem Leben?	Zusätzlich kommen Personen aus einem Sportverein oder einer Laufgruppe sowie mein Personal Trainer hinzu.
	An welchen Orten bin ich regelmäßig?	Weniger auf der Couch – mehr beim Sport!
	Wie steht es um meinen Körper?	3 kg weniger, mehr Kondition, gesündere Ernährung!
Verhalten	Was tue ich hauptsächlich in diesen Kontexten?	Mit Spaß – und zur Not auch mal ohne – zum Sport gehen und gesund kochen.
Fähigkeiten	Welche Fähigkeiten habe ich?	Ich habe meine Organisationsstärke genutzt, um Sport und Ernährung um den Beruf herum in mein Leben zu integrieren.
	Welche Fähigkeiten habe ich erlernt?	Karate – einmal pro Woche!
	Welche Fähigkeiten habe ich lange nicht mehr angewendet?	Klavier und Schwimmen passt nicht so recht in meine Abläufe. Aber ich habe einen Laufplan und halte mich daran. Zudem höre ich öfter mal wieder ein Klavierkonzert beim Autofahren.

(Fortsetzung)

4.11 Allgemeine mentale Coaching-Tipps für die Arbeit…

Tab. 4.4 (Fortsetzung)

6 Ebenen (Soll-Situation)	Frage	Antworten *(Beispiele)* Ziel-Datum: __ **heute plus x __**
Werte	Was ist mir wichtig?	Mich gut zu fühlen und Freunde in meine neuen Aktivitäten einzubinden.
	Was sind meine Überzeugungen?	Zudem bin ich überzeugt, dass ich mein Leben positiv ändern kann.
	Welche immateriellen Werte habe ich in meinem Leben?	Das Thema der Gesundheit wird immer wichtiger für mich!
Identität	Wer bin ich eigentlich?	Jemand, der seinen Ehrgeiz nun auch nutzt!
	Was ist mein Selbstverständnis?	Vorbild für andere zu sein und etwas zu schaffen, das Überwindung kostet.
	Was ist meine neue Rolle?	Meinem Gefühl folgen, dass ich meine Einstellung zu Sport und Ernährung in meinem Leben langfristig überdenken kann.
	Wo gehöre ich hin?	Nicht mehr auf die Couch, sondern in die Laufschuhe!
Sinn	Was könnte aufgrund der bisherigen Antworten der momentane Sinn meines Lebens sein?	Zu denken und zu leben: Mach es einfach!

Schritte. Überfordern Sie Ihre Kunden daher nicht und arbeiten Sie nach dem Motto: Weniger ist mehr.
- *Work-Life-Balance:* Betrachten Sie Ihre Klienten ganzheitlich. Oftmals fehlen Regenerationszeiten, oder es werden zu eng terminierte Ziele gesetzt. Ihr Klient ist höchstwahrscheinlich voll berufstätig und hat daher andere Prioritäten als z. B. ein Profisportler.
- *Tiefenpsychologie:* Natürlich sind Sie kein Therapeut. Aber dieses Buch bringt Sie schon ein gutes Stück näher an die Psychologie des Menschen und dessen Beeinflussbarkeit heran. Beachten Sie den Unterschied zwischen Symptom und Ursache. Ein Symptom zeigt sich an der Oberfläche sichtbar – so wie vergleichsweise die triefende Nase bei einer Erkältung. Jedem Symptom liegt aber eine Ursache zugrunde – die triefende Nase kann auf Bakterien oder Viren zurückzuführen sein. Ein Symptom kann letztendlich nur dann nachhaltig verändert oder eliminiert werden, wenn auch die Ursache angegangen wird. Genauso lässt sich manches Verhalten auch nur dann ändern, wenn man ein wenig tiefer in die Psyche des Klienten einsteigt. Trauen Sie sich daher gezielte Fragen zu stellen und das Innenleben Ihrer Klienten ein wenig zu durchleuchten. Empfehlen Sie bei größeren Blockaden oder Problemen den Besuch einer Psychotherapie.
- *Spieglein an der Wand:* Ihre Kommunikationsweise und die Qualität Ihrer Beziehung zum Klienten sind das A und O *seines* Erfolgs. Spiegeln Sie den Klienten daher so oft es geht – gerade am Anfang einer Zusammenarbeit sorgt das für eine effektive Vertrauensbasis (Abschn. 5.4). Das bedeutet: Sprechen Sie ihm Mut zu und glauben Sie an seine Fähigkeit, Ziele zu erreichen; spiegeln Sie seine Einstellungen und erweitern Sie zugleich seinen Horizont (z. B. so: „Ja, Salat schmeckt widerlich – nicht nur Ihnen. Auch ich hatte damit anfangs meine Probleme, inzwischen bin ich aber stolz auf mein Sixpack."); sprechen Sie seine Sprache, greifen Sie die Wortwahl und seine „Zwischentöne" auf (drückt sich der Klient eher geschwollen oder locker aus, kommuniziert er humorvoll oder zurückhaltend?).

4.11 Allgemeine mentale Coaching-Tipps für die Arbeit…

- *Ihre Einstellung entscheidet:* Denken Sie positiv über den Klienten, auch wenn die Chemie mal nicht zu 100% stimmt oder wenn Sie eigentlich der Ansicht sind, dass jener Klient ein unlösbarer Fall ist. Ihr Verhalten wird sich Ihrer Einstellung anpassen. So kommt es schnell zu sog. selbsterfüllenden Prophezeiungen. Wenn Sie positiv über den Klienten denken, hat das einen positiven Effekt auf Ihre Arbeit und somit auf die Ergebnisse, die der Klient für sich erzielt.
- *Das Wichtigste ist Ihr Kunde:* Nicht Sie als Trainer oder Berater sind das Wichtigste im Prozess, sondern Ihr Kunde. Wenn Sie sich selbst und Ihre Kompetenz zu wichtig nehmen, laufen Sie Gefahr, entweder ein für Sie sehr anstrengendes „Beratungsfeuerwerk" abzufeuern oder aber ein – ggf. sogar sehr gutes – „Schema F" abzuspulen, das am einzelnen Kunden vorbeischießt. Achten Sie daher darauf, was Ihr jeweiliger Klient individuell braucht. Stellen Sie ihn in den Fokus Ihrer Aufmerksamkeit, und Sie werden mit ihm zielgerichteter, effektiver und energieschonender zusammenarbeiten können.
- *Authentizität:* Machen Sie sich intensiv klar, wie Sie Ihre eigene Rolle mental auffassen und ausfüllen. Sind Sie eher Coach, Trainer, Berater, Drill Instructor, Wissensvermittler, Fitnesspolizist, Ernährungsapostel oder jemand ganz anderes? Je klarer Ihr Selbstbild ist, umso authentischer und vielfältiger können Sie gegenüber Ihren Klienten auftreten.
- *Dreiklang:* An dieser Stelle – nicht nur als Wiederholung, sondern auch als Forcierung gedacht – möchte ich nochmals auf den Dreiklang verweisen. Nutzen Sie, wo immer es geht, Bilder (Kopfkino, visualisieren, Metaphern, bildreiche Sprache, Zukunftsszenarien etc.), Emotionen (Gefühle, Eindrücke, Intuition, Stimmungen etc.) und Gedanken (positive Aussagen, positives Denken, reflektierende Fragen, Sinnsprüche, Zitate, Vergleiche, Beispiele etc.), um Ihre Klienten weiterzubringen.
- *Konzept der „positiven Absicht" nutzen:* Im Grunde ist jedes menschliche Verhalten durch eine positive Absicht motiviert. Das bedeutet, dass ein Mensch durch sein Verhalten versucht, ein Bedürfnis umzusetzen. Das geschieht einerseits

bewusst oder auch unbewusst, und andererseits kann entgegen der positiven Absicht sogar ein negatives Ergebnis dabei zutage kommen. Beispiel: Rauchen bringt eindeutig negative Konsequenzen mit sich. Obwohl der Raucher bewusst um diese negativen Konsequenzen weiß, wird er trotzdem rauchen. Seine (unbewusste) positive Absicht dabei ist, dass er mal eine extra Pause und frische Luft bekommt, Geschmack und Entspannung verspürt, mit den Kollegen in der Raucherecke plaudern kann usw. Nun können Sie die Frage stellen, welche anderen Verhaltensmöglichkeiten er hätte, um diese Absicht mit einem *guten* Ergebnis umzusetzen? Dann findet sich ganz bestimmt eine Reihe an Alternativen, z. B. ein Spaziergang, eine Entspannungsübung oder ein Bonbon – zudem kann er ja trotzdem eine Pause an der frischen Luft mit seinen Kollegen machen. Gerade beim Abstellen unerwünschten Verhaltens ist es ein guter Weg, die positive Absicht zu erforschen und diese mit anderen Verhaltensoptionen umzusetzen. Gerade das typische Gefühl von Verzicht bei Verhaltensänderung lässt sich damit gut aushebeln. Fragen Sie Ihren Klienten daher beispielsweise, warum das falsche Essen für ihn so interessant ist, welche Absicht er sich erfüllt, wenn er abends mit einer Tüte Gummibärchen auf der Couch lümmelt, anstatt zu trainieren. Suchen Sie dann gemeinsam nach für ihn attraktiven Alternativen, die dennoch seine Ursprungsabsicht erfüllen, und formulieren bzw. visualisieren Sie SMART-Ziele.

- *Den Klienten in einen guten Zustand bringen:* Es gilt die einfache Faustformel, dass Menschen, die „gut drauf" sind, mehr Positives beginnen, offener für Neues sind und ein besseres Selbstbewusstsein haben. Geben Sie Ihrem Klienten daher vielleicht einmal diese Hausaufgabe auf: Er soll zehn Tätigkeiten benennen, die ihn glücklich machen, entspannen, zum Lachen bringen, ihm gut gelingen bzw. Freude bereiten. Das können Tätigkeiten sein, die er schon mal gemacht hat, sowie auch ganz neue Dinge, die er noch nie ausprobiert hat. Sie werden feststellen, dass es kaum jemandem gelingen wird, ad hoc zehn Tätigkeiten zu finden, sowie dass die meisten davon schon lange nicht mehr ausgeführt wurden.

Kommunikation im Mentaltraining

Kommunikation ist der eine Teil des Doppelkerns im Mentaltraining. Mit dem Begriff der Kommunikation ist nicht nur gemeint, dass Sie dem Klienten etwas sagen, also ihn z. B. zu einer Übung anleiten oder einen Sachverhalt erklären, sondern vor allem, wie Sie das tun. Und mit dem Wie ist gemeint, dass Sie bestimmte psychologische Effekte über die Wortwahl sowie auch durch die Körpersprache erreichen können. Darüber hinaus können Sie anhand der Wortwahl und Körpersprache Ihrer Klienten tiefer in deren Innenleben blicken und wiederum Ihre Kommunikationsweise so anpassen, dass Ihre Worte daraufhin noch besser wirken.

Somit hat die Kommunikation eine deutliche Berechtigung, als der hälftige Teil des Doppelkerns neben dem mentalen Dreiklang mit seinen Interventionen existent zu sein. Ich behaupte sogar, dass die Kommunikation im Zweifel nicht nur 50 % einer erfolgreichen Zusammenarbeit ausmacht, sondern weit mehr. Ohne eine gute Kommunikation, mit der man sein Gegenüber nicht nur erreicht, sondern auch beeinflusst, sind jedes Fachwissen sowie jede Intervention vergebene Liebesmüh. Im

---

Elektronisches Zusatzmaterial Die elektronische Version dieses Kapitels enthält Zusatzmaterial, das berechtigten Benutzern zur Verfügung steht https://doi.org/10.1007/978-3-662-61678-9_5. Die Videos lassen sich mit Hilfe der SN More Media App abspielen, wenn Sie die gekennzeichneten Abbildungen mit der App scannen.

© Springer-Verlag GmbH Deutschland, ein Teil von Springer Nature 2020
M. Sutoris, *Mentale Coaching-Tools für das Personaltraining*,
https://doi.org/10.1007/978-3-662-61678-9_5

Umkehrschluss bedeutet das, dass Sie über Ihre Kommunikation kompensieren können, wenn Sie hinsichtlich Fachwissen oder Anwendung einer Intervention mal einen schlechten Tag haben sollten.

Das Thema der Kommunikation ist sehr umfangreich, und es lassen sich allein damit schon mehrere Bücher füllen, um nur die wichtigsten Inhalte zu beschreiben. Dennoch möchte ich hier in einer notwendigen Kürze und relevanten Würze die in Training und Beratung essenziell funktionierenden Kommunikationstechniken aufzeigen.

Kommunikation kann im Rahmen von Training, Beratung, Coaching usw. definitiv als Technik angesehen werden. Jeder Mensch würde von sich behaupten, dass er mehr oder weniger gut kommunizieren kann – denn schließlich tut man dies fast pausenlos, seitdem man auf der Welt ist. Aber genau dieses intuitiv Erlernte reicht nicht aus, um Kommunikation professionell einzusetzen und als handwerklich zu erlernende Technik zu verstehen. Stellen Sie sich zum Vergleich einmal vor, dass im Grunde jeder Mensch intuitiv und mit etwas Übung in der Lage ist, einen Nagel in die Wand zu hämmern. Doch wenn Sie mehr als ein Bild aufhängen wollen, müssen Sie auch mehr lernen. So wollen Sie vielleicht irgendwann ein Bad fliesen, eine Tür zimmern, einen Tisch reparieren oder einen Dachstuhl ausbauen, d. h., Sie müssen auch den Umgang mit weiterem Werkzeug erlernen und eine dreijährige Handwerksausbildung machen. Dies schließt einerseits ein, Fehler zu machen, und andererseits, professionelle Ergebnisse zu erzielen. Genauso verhält es sich auch mit der Kommunikation – als hälftiger Teil des Doppelkerns –, wenn man seine Trainings- und Beratungsqualität steigern möchte. Der Weg zum Erfolg führt über das Lernen entsprechender Techniken.

Im Rahmen von Training, Beratung, Coaching etc. geht es darum, einen sog. Rapport zum Kunden herzustellen. „Rapport" ist das Fachwort für eine gute und vertrauensvolle kommunikative Verbindung. Die metaphorische Chemie zwischen zwei Menschen ist damit gemeint: Diese muss stimmen und ermöglicht den Übertrag von wirkenden Botschaften sowie die effektive Anwendung von Interventionen.

Rapport wird vor allem durch aktives Zuhören und Spiegeln hergestellt (Abschn. 5.3, 5.4 und Abb. 5.1).

▷ **Hinweis** Jede Kommunikation verfolgt zwei Ziele:

1. Was (Thema, Information)
2. Wie (Tonfall, Körpersprache, Gestik, Mimik, Kontext)

Abb. 5.1 Die Geschichte vom Hammer (1:14 min). Diese sehr berühmte Geschichte (Watzlawick 1983) regt an, über das Thema Kommunikation nachzudenken. Sie ist ein Muss für alle, die sich eingehender mit Kommunikation befassen. Bitte hören Sie sich die Geschichte an und fragen Sie sich dabei, was sie über zwischenmenschliche Kommunikation und Wahrnehmung aussagt. (© fotogestoeber/stock.adobe.com)https://doi.org/10.1007/000-0se

Bedenken Sie, dass das Wie darüber entscheidet, wie Ihr Gegenüber bzw. Kunde Sie und Ihre Aussagen wahrnimmt. Sie sollten sich also vor allem fragen, wie Sie Ihr Thema und Ihre Information übertragen wollen. Dazu sollten Sie Rapport herstellen.

5.1 Worte Wirken

Stellen Sie sich bitte bildlich vor, Sie sind bei Ihrem Zahnarzt auf dem Behandlungsstuhl. Überprüfen Sie nun die beiden folgenden Aussagen des Arztes einmal genau auf ihre Wirkung. Welchen Unterschied macht es für Sie, wenn der Arzt Sie fragt:

- „Es tut mir leid, ich muss bohren. Wenn *die Schmerzen zu stark werden,* geben Sie mir bitte ein Zeichen."
- „Es tut mir leid, ich muss bohren. *Wenn Sie eine Pause brauchen,* geben Sie mir bitte ein Zeichen."

Worte wirken! In aller Regel wird das zweite Formulierungsbeispiel aus der Patientensicht als deutlich angenehmer empfunden. Nicht ohne Grund gibt es gerade für Zahnärzte entsprechende Fortbildungen, die psychologische und hypnotische Tricks vermitteln, mit denen der Zahnarzt durch seine Kommunikation die Kooperation mit dem Klienten verbessern, um nicht zu sagen manipulieren bzw. dessen Verhalten und Denkweise steuern, kann. Manipulation geschieht im Alltag ohnehin permanent und – z. B. neben bewusstem Mobbing – vor allem unbewusst, da sich die Mehrheit der Menschen nicht über die teils mächtige Wirkung ihrer Worte bewusst ist.

Gerade Psychologen und Therapeuten sagen häufig aus, dass das Wort letztendlich das einzige „Werkzeug" sei, über das sie verfügen, mit dem sie Klienten vom Problem zum Ziel verhelfen können. In Trainings-, Beratungs- und Coaching-Situationen wird vom Klienten indirekt impliziert, dass er gerne manipuliert bzw. beeinflusst werden möchte, da er seine Ziele ja bisher nicht alleine erreichen konnte. Es liegt somit ein – moralisch akzeptiertes – Commitment vor, d. h. eine gegenseitige Übereinkunft darüber, psychologische und kommunikative Techniken einsetzen zu dürfen. Und das wiederum rückt die Idee in den Rahmen des Denkbaren, dass eine hohe Effektivität dabei nicht verboten oder sogar erwünscht ist. Denken Sie an das obige Zahnarztbeispiel: Ist es etwa moralisch verwerflich, wie der Arzt die zweite Aussage „für" seinen Patienten manipulativ formuliert? Je mehr Sie Ihr Repertoire sowie auch den Dreiklang um kommunikative Techniken erweitern, umso effektiver wird letztendlich Ihre Arbeit und somit auch die Zielerreichung und Nachhaltigkeit des Klienten.

▶ **Hinweis** Manipulation geschieht ohnehin zwischen Menschen – meist permanent, unbewusst und unbeabsichtigt. Die Menschen sind sich über die Wirkung ihrer Worte (und Körpersprache) meist wenig bewusst und merken nicht, was sie damit beim Gegenüber auslösen (können). Seien Sie daher wachsam, reflektieren und dosieren Sie Ihre Kommunikation, sodass nicht versehentliche Manipulation stattfindet, sondern gezielte Persönlichkeitsentwicklung.

5.2 Verbale und nonverbale Basics

Das Wort „Kommunikation" stammt aus dem Lateinischen von *communicare* ab und bedeutet so viel wie „teilen", „austauschen", „etwas gemeinsam machen" und „in Verbindung stehen". Streng genommen und etymologisch betrachtet hat Kommunikation erst mal gar nichts mit reden zu tun – es geht grundlegend vielmehr um Information, um deren Austausch und um eine soziale Komponente. Allerdings läuft es selbstklärend darauf hinaus, dass ein Großteil der menschlichen Mitteilungen, des Austauschs und der sozialen Interaktion über das Sprechen funktioniert. Aber nicht nur: Ohne zuhören, ohne nonverbale Gesten, ohne das Gefühl einer Verbindung zueinander, manchmal auch ohne Text oder Grafik, kann dieser Austausch nicht stattfinden. Die Frage ist nur, wie und mit welcher Qualität findet dieser Austausch statt? Zudem trüben Missverständnisse und Konflikte die Verbindung zwischen Menschen. Charaktereigenschaften und die individuelle Psychologie dahinter tragen ebenso ihren Teil dazu bei, dass die Kommunikation ein sensibles Thema ist.

Allgemein bekannt ist die Aussage, dass jede Kommunikation mindestens zwei Ebenen hat: Sachebene und Beziehungsebene. Auf der Sachebene stehen ein Thema oder eine Information im Fokus der Kommunikation. Auf der Beziehungsebene geht es darum, wer zu wem und in welcher Situation spricht, wie das Verhältnis der Personen zueinander ist und welcher emotionale Aspekt zwischen den Zeilen untereinander ausgetauscht wird – der sog. Rapport.

Wenn Sie Ihr Kommunikationsgeschick ganz allgemein verbessern oder speziell für die Zusammenarbeit mit dem Klienten trainieren möchten, so müssen Sie Ihren Fokus auf diese zwei eng zusammengehörenden Schwerpunkte lenken: auf die verbale und auf die nonverbale Kommunikation. Mit der verbalen Kommunikation sind vor allem die Wortwahl und Rhetorik gemeint, mit der Sie Informationen in einer bestimmten Abfolge mitteilen. Zu der nonverbalen Kommunikation zählen Gestik, Mimik, Körpersprache sowie die Stimme. Das Fachwort für die Körpersprache lautet „Physiologie".

Die wichtigste Information, um ein professionelles Grundverständnis von erfolgreicher Kommunikation zu bilden, lautet: Der Ton macht die Musik. Das bedeutet, dass die Art und Weise, wie Sie eine Information mitteilen, für den Gesprächspartner oft wichtiger und aufschlussreicher ist als die Information selbst. Der nonverbale Teil der Kommunikation entscheidet darüber, wie der verbale Teil aufgenommen und verstanden wird. Das Nonverbale in der Kommunikation ist sozusagen die Verpackung eines Geschenks.

Speziell in der Kommunikationspsychologie ist der sogenannte Dr.-Fox-Effekt gut bekannt. Dieser Effekt besagt, dass man seine Wirkung durch gezieltes, nonverbales Verhalten effektiv steigern kann – sogar so weit, dass dem

5.2 Verbale und nonverbale Basics

verbalen Teil der Kommunikation kaum noch eine Bedeutung zukommt. Diese Aussage entstand in einem Experiment, in dem ein Dr. Fox genannter Schauspieler als Arzt getarnt auf einem Mediziner-Kongress als Vortragsredner auftrat. Die vorgetragene Rede war bewusst inhaltlich falsch und voller Widersprüche formuliert. Durch seine sehr präsente nonverbale Kommunikation, war seine Wirkung allerdings so überzeugend, dass kaum jemand aus dem Fachpublikum den Bluff erkannt hat. Als trainierter Schauspieler konnte er nonverbal so überzeugend auftreten, dass ihm alles geglaubt wurde. Fragen Sie sich: Wie können Sie den Dr.-Fox-Effekt zusätzlich zu Ihren Inhalten nutzen?

Ebenso bekannt ist in der Kommunikationspsychologie die 55–38-7-Regel. Diese besagt, dass das Verständnis einer Aussage oder Information zu 55 % durch die Körpersprache, zu 38 % durch die Stimme und nur zu 7 % durch die eigentlichen Worte bestimmt wird. Natürlich sind diese Zahlen diskussionswürdig, aber fest steht, dass der Großteil der Kommunikation von Körpersprache und Stimme abhängt. Ein kleines, dreiteiliges Gedankenspiel mag dies verdeutlichen:

1. Stellen Sie sich bitte vor, wie jemand das Wort „Feder" sagt und dazu absolut regungslos vor Ihnen steht.
2. Stellen Sie sich bitte vor, wie das Wort „Feder" nonverbal untermalt wird, indem der Sprecher mit den Armen einen Flügelschlag andeutet.
3. Stellen Sie sich bitte vor, wie das Wort „Feder" nonverbal untermalt wird, indem der Sprecher eine schreibende Geste macht.

Welches Bild haben Sie jeweils vor Augen, wenn Sie in diesen drei Szenarien das Wort „Feder" hören? Die meisten Menschen denken im ersten Fall einfach an irgendwas oder an nichts Bestimmtes. Im zweiten Szenario denken sie konkret an eine Vogelfeder und im dritten an einen Füllfederhalter. Die Art und Weise der nonverbalen Kommunikation kann ganz wesentlich darüber entscheiden, wie eine Botschaft aufgenommen wird und wie man auf andere Menschen wirkt.

Stellen Sie sich nun bitte zwei ähnliche Szenarien hinsichtlich der Zusammenarbeit zwischen Trainer und Klient vor. Der Trainer sagt: „Sie können alles erreichen, was Sie wollen." Er steht in dieser Szene bei seiner Aussage völlig regungslos da und hält keinen Blickkontakt zum Klienten. Im zweiten Szenario jedoch untermalt er diese Aussage mit einer bestimmten Gestik. Er ballt eine Faust, deutet dann mit dem Zeigefinger direkt auf den Klienten, lächelt dabei freundlich, baut Augenkontakt auf und redet mit einer bestimmten, glaubhaften, lauten Stimme. In welchem Fall wirkt die Aussage wohl überzeugender?

Den Zusammenhang der verbalen und nonverbalen Kommunikation kann man sich wie einen Eisberg im Wasser vorstellen. Der sichtbare Teil ragt aus dem Wasser hervor – es ist die Spitze, die im Verhältnis zur ganzen Masse des Eisbergs winzig erscheint. Der große Teil des Bergs bleibt unsichtbar unter der Wasseroberfläche verborgen – doch ist er das, was die Masse und das Verhalten des gesamten Eisbergs eigentlich ausmacht. Der untere Teil ist das Symbol für die nonverbale Kommunikation. Auch wenn sie nicht wirklich als Erstes im Aufmerksamkeitsfokus liegt, so ist sie doch der Löwenteil der Kommunikation. Der verbale, sichtbare bzw. hörbare Teil ist nur ein kleines Element von etwas größerem Ganzen. Das gilt umso mehr in Bereichen, in denen Kommunikation mindestens die Hälfte (Doppelkern) des Erfolgs ausmacht.

Bedeutet aber Körpersprache im Gespräch nicht mehr, als Augenkontakt zu halten und nicht die Arme zu verschränken? Ein Bewusstsein über die nonverbale Sprache ist in unserer Kultur kaum entwickelt. Es gibt noch viel mehr Möglichkeiten, als nur auf Augen und Arme zu achten – sowohl bei sich selbst als auch bei den Gesprächspartnern. Hier finden Sie eine Auflistung aller wesentlichen Punkte, die zur nonverbalen Kommunikation gehören:

- *Mimik:* Blickrichtung, Ausdruck der Augen, Stirnfalten, Hautfarbe, Mundstellung – was geben sie über das Gesagte und den Sprecher preis?
- *Gestik:* Arme, Hände, Finger – passen die Bewegungen zur Aussage?

- *Stimme:* Tempo, Tonhöhe, Klang, Rhythmus, Dialekt – wie verfärben oder unterstreichen diese Aspekte die eigentliche Aussage?
- *Körpersprache:* Bewegung und Stellung von Kopf, Schultern, Oberkörper, Beinen, Geschwindigkeit und Radius der Bewegung, Atmung, eventuelle Schweißbildung – passt das alles zur Aussage, und wie ist daraufhin die Wirkung der Person allgemein?

Wie beeinflusst all das Ihre Sichtweise zur Person bzw. Ihre Meinung zum Gesagten? Wie viel davon beachten Sie in alltäglichen Gesprächen mit Ihren Mitmenschen? Besonders interessant wird es, wenn in einem Gespräch alle diese vier Punkte zum Ausdruck kommen. Normalerweise versprachlicht man in der verbalen Kommunikation ganz bewusst seine Gedanken, indem man sich überlegt, was man mit welchen Worten sagen möchte. Die nonverbale Kommunikation findet währenddessen ganz unbewusst und eher automatisch statt. Kaum jemand ist darauf trainiert, seine körpersprachlichen Signale bewusst einzusetzen. Professionelle Schauspieler lernen das im Rahmen ihrer Ausbildung, um je nach Bedarf eine gewünschte Wirkung auf ihre Zuschauer bzw. Zuhörer zu erzielen.

Jeder Gedanke erzeugt zudem ein Verhalten bzw. auch eine nonverbale Reaktion. Wenn man an etwas Positives denkt, wird man eine andere Körpersprache zeigen, als wenn man an etwas Negatives denkt. In aller Regel können Außenstehende unterscheiden, ob ihr Gegenüber an etwas Negatives oder Positives denkt. Und je besser man eine Person mitsamt ihrer Körpersprache kennt, umso deutlicher ist dieser Unterschied festzumachen.

Praxisbeispiel

Ein Klient hatte ein Entscheidungsproblem. Immer, wenn er an dieses Dilemma dachte bzw. darüber sprach, wiegte er den Kopf mehrmals von der einen zu anderen Schulter, als wolle er mit dem Körper die Aussage „einerseits ... andererseits ..." verdeutlichen. Als er nach einem Coaching dieses

Problem gelöst hatte und zu einer Entscheidung gekommen war, hat er dieses Wiegen des Kopfes unterlassen. Stattdessen blickte er, immer wenn er an die Entscheidung dachte bzw. darüber sprach, mit festem Blick geradeaus und bewegte den Kopf dabei überhaupt nicht. Hätte er hingegen behauptet, eine Lösung gefunden zu haben, und den Kopf dabei hin und her gewogen, hätte man mit sehr hoher Wahrscheinlichkeit davon ausgehen können, dass er gedanklich immer noch im Dilemma festhängt und die vermeintliche Lösung noch nicht spruchreif ist.

Diesen Unterschied bzw. diese zwei gegensätzlichen Körpersprachen nennt man Problem- und Lösungsphysiologie (Abb. 5.2). Ersteres zeigt ein Mensch, wenn negative

Abb. 5.2 Problem-Lösung-Physiologie. (© Rebecca Brouwers)

Gedanken sein Mindset dominieren, und Letzteres, wenn er positiv eingestellt ist.

Sie können anhand der nonverbalen Kommunikation Ihres Klienten förmlich sehen, wie oder was er gerade denkt. Wenn Sie einem Klienten sagen „Ab jetzt wird jede Woche dreimal trainiert und keine Schokolade mehr gegessen", und er antwortet „Ja, so soll es sein", hängt der Wahrheitsgehalt dieser Aussage von der gezeigten Körpersprache ab. Achten Sie ganz genau auf dessen individuelle Körpersprache und arbeiten Sie darauf hin, dass er am Ende eines gemeinsamen Termins eine positive Lösungsphysiologie zeigt. Denn in der nonverbalen Sprache steckt gemäß der 55–38-7-Regel mehr Information als in der verbalen Sprache. ◄

5.3 Aktives Zuhören

Der Begriff des aktiven Zuhörens ist allgemein weit verbreitet. Doch kaum jemand weiß, dass dahinter eine Kommunikationsmethodik steckt, die einen ethischen sowie einen technischen Aspekt hat und dass sie anhand einer Abfolge von drei Schritten angewendet wird. Ethisch bedeutet, dass man seinem Gesprächspartner bzw. seinem Kunden jederzeit seine Aufmerksamkeit widmet. Der Gesprächspartner soll auf authentische Weise das Gefühl haben, er sei als Mensch mit all seinen Ecken und Kanten in diesem Moment sehr wichtig für Sie, sodass er Wertschätzung erlebt. Der technische Aspekt bedeutet, dass drei Schritte angewendet werden. Vereinfachend gesagt sind das die drei Z:

- Z – zuhören
- Z – zusammenfassen
- Z – zielen

Mit „zuhören" ist ein aktiver Prozess gemeint. Stellen Sie sich vor, Sie befinden sich gerade zu Beginn einer Zusammenarbeit an dem Punkt, an dem Ihr Klient über seine Gewohnheiten und Sportvermeidungsstrategien sowie über mögliche Bewegungseinschränkungen spricht. Nun haben Sie all das einschließlich entsprechender Ausreden vielleicht schon hundertmal gehört und fühlen sich bereits etwas gereizt. Sie möchten lieber direkt mit ihm trainieren und interessieren sich gar nicht für die Aussagen, weil Sie eh wissen, was zu tun ist. Also hören Sie wahrscheinlich nur mit einem Ohr zu und machen sich schon Gedanken über Ihren Feierabend. Das wäre dann genau das Gegenteil des aktiven Zuhörens und eher so etwas wie passives Weghören. Der aktive Part dabei ist, dass Sie sinnbildlich Wertschätzung vermitteln und dazu eben aktiv werden. Das können Sie tun, indem Sie neben ausreden lassen Blickkontakt herstellen, interessiert nicken, an passenden Stellen „hm" sagen oder lächeln sowie eine offene Körperhaltung einnehmen.

„Zusammenfassen" meint, dass Sie Rückfragen stellen, bevor Sie im dritten Schritt zu Ihrem eigenen Redebeitrag kommen. Das Stellen der Rückfragen sollte an den Charakter des Gesprächs angepasst sein und kann auf zwei Arten geschehen: Erstens können Sie sich dabei auf den Inhalt des Gesagten beziehen, indem Sie z. B. fragen „Habe ich dich richtig verstanden, dass ...?" oder „Meinst du das eher so ... oder so ...?". Und zweitens können Sie die Emotion hinter der Aussage ansprechen, indem Sie z. B. fragen „Wie erging es dir bei ...?" oder „Das muss doch bestimmt toll (bzw. nervig/anstrengend/erfreulich etc.) für dich gewesen sein?". Wenn Ihr Klient beispielsweise sagt, dass er gerne viel Schokolade isst, so gehen Sie nicht direkt zu einer eigenen Aussage über, indem Sie sagen „Das ging mir früher auch so" oder „Hör sofort damit auf", sondern beziehen Sie sich erst mit einer Rückfrage darauf, zum Beispiel mit „Eher Schokoriegel auf der Arbeit oder die ganze Tafel am Abend auf der Couch?" oder „Wie geht es dir damit – willst du das ändern?". Natürlich passt es nicht in 100 % aller denkbaren Gesprächssituationen, Fragen zu stellen, aber die Erfahrung zeigt, dass die eigene Quote des Fragenstellens doch deutlich erhöht werden kann, da es letztendlich dem Gesprächspartner und somit auch Ihrer Kompetenz zugutekommt. Dieser zweite Schritt wird umgangssprachlich mit dem Wort „spiegeln" beschrieben. Dieser Begriff meint einerseits, dass man Inhalte

5.3 Aktives Zuhören

und Emotionen rückspiegelt, anstatt immer nur selbst darauf loszureden. Andererseits ist damit auch das körpersprachliche Spiegeln gemeint, das ich in Abschn. 5.4 genauer erkläre.

Mit „zielen" ist gemeint, dass nun im dritten Schritt Ihr eigener Redebeitrag kommt. Und das eben erst an der Stelle, nachdem die Schritte 1 und 2 abgeschlossen sind. Der ethische Aspekt des aktiven Zuhörens impliziert, dass Ihr Redebeitrag das Gespräch in eine gute Richtung für alle Beteiligten weiterführt. Es ist damit nicht gemeint, dass Sie nun Ihre Ansichten und Aussagen „verkaufen" wollen. Es geht stets darum, Wertschätzung zu zeigen und sein Gegenüber zu akzeptieren, anstatt Meinungen aufzuoktroyieren.

Das aktive Zuhören ist sozusagen die Mutter aller Gesprächstechniken, auf der weitere und komplexere Methoden aufbauen. Es erfordert etwas Zeit, dies als Technik zu üben, ethisch zu verinnerlichen und so anzuwenden, dass man authentisch wirkt. Doch es lohnt sich, weil der Kontakt bzw. der Rapport zum Gegenüber direkt verbessert wird – und einen vertrauensvollen Kontakt wiederum brauchen Sie, um Ihre Botschaften wirkungsvoll zu übermitteln. Gerade der zweite Schritt findet im Alltag und auch in der Beratung viel zu wenig Anwendung.

Beispiel: Ihr Kunde erzählt Ihnen, dass er gerade Stress im Job hat und deswegen sein Training nicht absolvierte. Würden Sie nun direkt „zielen", könnten Sie z. B. selber von Ihrem aktuellen Stress im Job berichten oder ihn direkt ermahnen bzw. negativ bewerten. Sie tragen zwar so etwas zum Gespräch bei, nehmen aber den Kunden eigentlich nicht wahr, da Sie direkt von sich erzählen.

▶ **Tipp** Um das aktive Zuhören anzuwenden, führen Sie die ersten beiden Schritte vorab durch: Aktiv zuhören und Aufmerksamkeit aufbauen; Rückfragen stellen bzw. spiegeln; dann erst von sich selbst berichten oder das eigentlich Thema „Stress im Job" bzw. „Training nicht absolviert" aufgreifen.

5.4 Spiegeln als Technik

Vielleicht noch wichtiger als die Körpersprache ist der direkte Kontakt der Gesprächspartner zueinander. Wenn die Chemie stimmt, achtet man viel weniger darauf, was oder wie man etwas sagen möchte oder vermeintlich sagen muss. Jeder gesunde Mensch verfügt über Spiegelneuronen, die dafür sorgen, dass man andere Menschen verstehen und sich in sie hineinversetzen kann. Wenn sich beispielsweise zwei Freunde angeregt unterhalten, werden beide vom jeweils anderen wissen, wie er sich fühlt und was während des Gesprächs in ihm vorgeht. Beobachtet man als Außenstehender ein Gespräch zwischen solchen Freunden, merkt man schnell, dass beide die gleichen nonverbalen Signale aussenden. Es geschieht unwissentlich, doch normalerweise spiegeln sich zwei Menschen, die sich angeregt unterhalten, in ihrer Körpersprache. Sie zeigen zum Beispiel die gleiche Körperhaltung, führen dieselbe Geste zeitgleich aus oder lachen im selben Moment. Die Spiegelneuronen sorgen dafür, dass das soziale Wesen Mensch einen guten Kontakt zu anderen Individuen aufbaut, und Menschen zeigen dieses Wohlwollen der Gemeinschaft, indem die Signale des Gesprächspartners kopiert werden. Das ist ein völlig normaler, jedoch unbewusster Vorgang.

Achten Sie doch einmal in Ihren Gesprächen darauf, wann und wie sich Ihre Körpersprache an Ihr Gegenüber beziehungsweise Ihr Gegenüber sich Ihren Bewegungen anpasst. Sie werden überrascht sein, wie oft das bei Freunden passiert. Vor allem dann, wenn man in einem Gespräch gleicher Meinung ist.

Aus diesem Phänomen lassen sich zwei Rückschlüsse ziehen: erstens, dass die Kommunikation gut verläuft, wenn die Gesprächspartner identische und ähnliche nonverbale Signale aussenden, und zweitens, dass sich ergo die Kommunikation verbessert, wenn man die Körpersprache des Gegenübers aufgreift.

Für Ihre Arbeit mit Klienten bedeutet das, dass Sie die Qualität der momentanen zwischenmenschlichen Chemie steuern und überprüfen können. Zeigt der Klient jetzt gerade eine ähnliche

Körpersprache wie Sie? Vielleicht führt er dieselbe Bewegung mit dem Arm aus, richtet er zeitgleich den Rücken auf, nimmt er dieselbe Haltung ein? Wenn ja, können Sie davon ausgehen, dass die Chemie in diesem Moment stimmt und Sie Ihre Botschaften und Inhalte kommunikativ übermittelt bekommen. Wenn nicht, könnte das darauf hinweisen, dass Ihr Gegenüber Ihnen inhaltlich gerade nicht folgt. Im Umkehrschluss können Sie das eine oder andere nonverbale Signal spiegeln. Wenn Sie das unauffällig und dezent tun, indem Sie beispielsweise die gleiche Haltung der Arme herstellen, wird sich die Chemie schneller verbessern, als wenn Sie weiterhin eine gegensätzliche Körpersprache „sprechen" würden. Natürlich unterstützt Sie der Inhalt Ihrer Worte auch weiterhin, wenn Sie das Gespräch positiv beeinflussen möchten (Abb. 5.3).

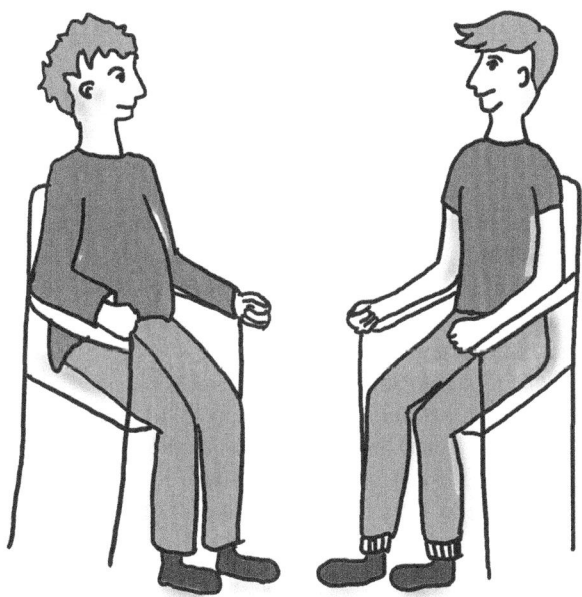

Abb. 5.3 Spiegeln. (© Rebecca Brouwers)

▶ **Tipp** Daher empfehle ich Ihnen, die Möglichkeiten des Spiegelns zu nutzen, um Ihre Botschaften und Inhalte – die im besten Fall zu langfristigen Verhaltensänderungen führen sollen – zu verstärken und um den Kontakt bzw. die Vertrauensbasis zu intensivieren. Dies können Sie zusätzlich zum aktiven Zuhören tun. Diese Optionen stehen Ihnen beim Spiegeln zur Verfügung:

- *Nonverbal:* Körperhaltung, Gestik, Bewegung, Atmung, Stimmlage und Mimik aufgreifen
- *Verbal:* Wortwahl und Ausdrucksweise aufgreifen; Inhalte nachvollziehen und verstehen, anstatt zu bewerten
- *Emotional:* Stimmungen und Ansichten nachempfinden

5.5 Fragetechniken: Wer fragt der führt

Wer fragt, der führt. Diese Aussage ist ganz essenziell. Es kommt eben nicht nur darauf an, kluge Dinge zu sagen, sondern ebenso darauf, kluge Fragen zu stellen. Wer die ganze Zeit den aktiven Rednerpart einnimmt, läuft Gefahr, sein Gegenüber zu sehr zu strapazieren. Fragen sorgen dafür, dass sich der Gesprächspartner ernst genommen fühlt und in das Gespräch eingebunden wird. Ansonsten ist die Kommunikation eine monologische Einbahnstraße.

Stellen Sie sich doch bitte mal vor, dass Ihr Arzt, dem Sie Ihre Symptome beschreiben, nicht einmal fragt, wie Sie sich fühlen und was genau Ihnen fehlt – würden Sie ihm vertrauen, dass er Sie richtig behandelt? Oder fänden Sie es besser, wenn er sich eingehend über Ihre Symptome und den Gesundheitszustand durch viele zielgerichtete und verständnisvolle Fragen informiert? Wer viele Fragen stellt, der wird als interessiert und fachlich versiert wahrgenommen (Abschn. 0). Der Gedanke, möglichst wenige Fragen stellen zu dürfen, weil man ansonsten als unwissend gilt, ist völlig fehl am Platz. Schauen Sie sich einmal an, welche Arten von Fragen es grundsätzlich gibt:

- *Geschlossene Fragen:* Sie werden auch als Ja- oder Nein-Fragen bezeichnet und erlauben nur eine kurze Antwort. Beispiel: „Wie war es heute in der Schule?" Antwort: „Gut."
- *Offene Fragen:* Dieser Fragetypus ermuntert zu einer ausführlichen Antwort und lässt dem Gesprächspartner mehr Raum. Beispiel: „Was hast du heute in der Schule erlebt?" Antwort: Wir hatten heute Mathe, und in der Pause habe ich …."
- *Suggestive Fragen:* Solche Fragen implizieren eine Unterstellung und sind bewusst oder unbewusst manipulativ. Beispiel: „Du hast doch bestimmt in der Schule wieder die Lehrer geärgert?" Antwort: „Wieso sollte ich?"
- *Rhetorische Fragen:* Auf rhetorische Fragen wird eigentlich gar keine Antwort erwartet, weil sie durch die Fragestellung an sich eigentlich schon beantwortet wurde. Beispiel: „Möchtest du dir jetzt bitte die Schuhe anziehen, damit du pünktlich zur Schule kommst?" Antwort: „Na gut."

In einem professionell geführten Gespräch stellt der geschulte Kommunikator zu Beginn viele offene Fragen, um die Kommunikation in Gang zu bringen. Am Ende des Gesprächs folgen eher geschlossene Fragen, um verbindliche Aussagen hervorzurufen. Suggestive und rhetorische Fragen sollten hingegen gezielt genutzt werden, um auf ein bestimmtes Ergebnis hinzuarbeiten.

Neben diesen vier grundlegenden Fragearten existieren noch zahlreiche weitere. Diese sind besonders für das Coaching sehr nützlich und orientieren sich meist an den offenen und suggestiven Fragen. Stellen Sie sich vor, wie Ihr Klient, der sich nicht zum Training oder zu gesünderer Ernährung aufraffen kann, diese wahrnimmt. Welche Denk- und Gefühlsprozesse und ggf. sogar Verhaltensimpulse lösen diese Fragen aus?

1. *Ziel-, lösungs-, zukunfts- und ressourcenorientierte Fragen:*
   - Was ist Ihr Ziel?
   - Woran würden Sie merken, dass Sie Ihr Ziel erreicht haben?

- Wann hatten Sie in Ihrer Vergangenheit ein ähnliches Ziel, und wann haben Sie es erreicht? Was haben Sie dafür konkret getan?
- Wie könnten Sie sich in Zukunft verhalten, dass Ihr Ziel in nächste Nähe rückt?
- Mal angenommen, Sie haben heute (bzw. in ein paar Wochen) bei mir die allerbeste Beratung bzw. das allerbeste Training, woran machen Sie das fest?

2. *Verhaltensfragen:*
   - Was genau tun, denken und fühlen Sie, wenn Sie abends nicht zum Sport gehen, sondern sich auf das Sofa setzen?
   - Wie können Sie erreichen, dass Sie ein anderes Verhalten zeigen?
   - Was tun Sie in dieser Situation nicht, das Sie in bisherigen erfolgreichen Situationen immer getan haben?
   - Was war Ihr eigener Beitrag zu diesem Problem in jener Situation?

3. *Fragen nach Unterschieden:*
   - Was ist der Unterschied in Ihrem Verhalten zu jetzt, wenn Sie das Ziel erreicht haben?
   - Was ist der bisherige Unterschied zwischen dem Projektstart und jetzt?
   - Was genau möchten Sie verändern?
   - Mal angenommen, wir hätten heute keinen Termin miteinander gehabt, was würde Ihnen dann fehlen? Um was wäre es schade?

4. *Erklärende Fragen:*
   - Wie würden Sie Ihr Verhalten in der Situation, in der Sie zum Schokoriegel statt zum Apfel greifen, beschreiben?
   - Wie erklären Sie sich dieses Verhalten? Wie wäre es auch anders erklärbar?
   - Wie bewerten Sie dieses Verhalten zum jetzigen Zeitpunkt?
   - Wie würden Sie das Verhalten bewerten, wenn Sie auf einer Südseeinsel in Urlaub wären?

5. *Fragen zu Handlungsmustern:*
   - Wie schaffen Sie es, dieses Ergebnis (zum Beispiel: vor dem Sofa statt in den Laufschuhen zu landen) zu erreichen?
   - Angenommen, ich (das heißt: Sie als Leser) würde Weltmeister in Ihrem Verhaltensmuster werden wollen: Was müsste ich alles beachten, damit ich Weltmeister werde?
   - Was sind persönliche Vorteile aus diesem Verhaltensmuster?

6. *Dissoziationsfragen:*
   - Wie würde ein Unbeteiligter die Situation schildern? Was würde er als Erstes tun?
   - Wie würden Sie die Situation aus meiner Perspektive schildern? Was würden Sie dann tun? Und was keinesfalls?

7. *Hypothetische Fragen:*
   - Angenommen, Sie sind Ihr eigener externer Berater: Was würden Sie sich selber raten?
   - Angenommen, Zeit oder Leistungsdruck würden keine Rolle spielen: Was würden Sie dann tun?
   - Angenommen, Sie haben Interesse, dieses Projekt weiter zu verfolgen: Was wäre dann (für Sie bzw. auch von außen betrachtet) der nächste logische Schritt?

8. *Paradoxe Fragen:*
   - Was können Sie tun, damit Sie in der nächsten ähnlichen Situation vor dem gleichen Problem stehen?
   - Was könnten Sie tun, um an der Aufgabe zu scheitern?
   - Und was könnten Sie tun, damit sich das Ziel von Ihnen entfernt?

9. *Kreative und „verrückte" Fragen:*
   - Woran würde denn Ihre Stimme erkennen, dass das nächste Training optimal läuft?
   - Angenommen, Ihr Schreibblock kann sprechen: Welche wichtigen Ergebnisse aus dem Training von heute würde er gerne auf sich notiert haben?

- Angenommen, über Nacht geschieht ein Wunder, das Sie leider verschlafen haben: Woran würden Sie am nächsten Morgen zuerst erkennen, dass Ihr Problem gelöst ist?
- Angenommen, eine gute Fee kommt und erfüllt Ihnen drei Wünsche: Welche wären das? Und was könnten Sie tun, damit die Fee die Wünsche wieder zurücknimmt?

10. *Zirkuläre Fragen:*
    - Wer noch, außer Ihnen, nimmt dieses Problem wahr?
    - Wie nimmt Ihr Freund Peter dieses Problem wahr?
    - Woran würden andere erkennen, dass Sie das Problem gelöst haben?
    - Wer außer Ihnen würde davon profitieren, wenn Sie das Problem gelöst hätten?

11. *Die „Wunderfrage":* Die so genannte Wunderfrage hilft, den Problemraum mit etwas Fantasie zu verlassen und einen Lösungsraum möglichst schnell zu etablieren. Hierbei wird suggeriert, dass das Problem (Entscheidung, Werte, Ziele, Emotion, Konflikt) wie durch ein Wunder gelöst wäre. Es hat sich vielfach bewährt, diese Frage im exakten Wortlaut der Therapeutin Insa Sparrer zu stellen:

    Ich stelle Ihnen jetzt eine merkwürdige und auch schwierige Frage. Es braucht etwas Fantasie, um sie zu beantworten. Wenn Sie nach diesem Gespräch nach Hause gehen und anschließend noch mit jemandem sprechen, zu Abend essen und eventuell noch etwas unternehmen und irgendwann werden Sie müde und gehen schlafen. Irgendwann schlafen Sie ein, und – angenommen – in dieser Nacht geschähe ein Wunder. Und das Wunder bestünde darin, dass alle Probleme, die Sie heute hierher geführt haben, gelöst sind – auf einen Schlag, einfach so. Das wäre ja wirklich ein Wunder, nicht wahr? Und wenn Sie nun morgen früh aufwachen und niemand sagt Ihnen, dass dieses Wunder geschehen ist – denn Sie haben geschlafen: Woran könnten Sie dann erkennen, dass dieses Wunder eingetreten ist? (Sparrer 2006)

12. *Fragen zum inneren Sinnessystem:* Mit diesen Fragen kann der Lösungsraum schnell eröffnet werden, da jeweils andere Sinnessysteme bei der Wahrnehmung des Problem-

zusammenhangs angesprochen werden. Durch diese kinästhetische Vernetzung entstehen neue neuronale Verknüpfungen, die ein Umdenken schneller ermöglichen. Die Sinnessysteme des Menschen kennen Sie: Sehen, Hören, Fühlen, Riechen, Schmecken.

- Sie sagten, Sie sehen bei dieser Problematik schwarz (visuelle Repräsentation) – wie fühlen Sie sich dabei (kinästhetische Repräsentation)?
- Ihre Stimme sagt Ihnen also „So ein Mist!" (auditive Repräsentation) – was sehen Sie dabei vor Ihrem geistigen Auge (visuelle Repräsentation)? Und wenn Sie Ihrer Nase in Richtung Lösung folgen würden, welche Fährte nehmen Sie dann auf (olfaktorische Repräsentation)?

Aufgabe

Denken Sie an ein eigenes, aktuelles Thema oder Problem. Spielen Sie die Fragen aufmerksam durch und beobachten Sie, wie sich Ihre Gedanken und ggf. Gefühle dazu verändern.

Führen Sie einen freiwilligen Probanden durch einige dieser Fragen hindurch. Lassen Sie sich zur Wirkung der Fragen Feedback geben. Achten Sie dabei auf Rapport zueinander und nutzen Sie Ihre Körpersprache.

5.6 Psycho-Rhetorik

Worte wirken! Das kann man eigentlich gar nicht oft genug sagen, wenn man professionell, auf einer persönlichen Ebene und ganz individuell mit Menschen zusammenarbeitet. Wortwahl, Körpersprache, Führung durch Fragetechniken, Spiegeln und Kontaktgestaltung sind der Katalysator, der Wissensvermittlung, Training, Beratung, Anleitung, psychologische Intervention sowie das Metaziel der Veränderung leichter und nachhaltiger zum Erfolg führt. Erinnern Sie sich bitte an das Beispiel mit dem Zahnarzt, der nur durch seine Wortwahl („Wenn

Sie eine Pause brauchen ...") die Effektivität seiner Behandlung deutlich und spielerisch erhöht.

Aufgabe

Bitte schauen Sie sich Tab. 5.1 an. Lesen Sie zuerst die jeweilige Aussage in der linken Spalte und achten Sie auf Ihre innere Reaktion dabei. Lesen Sie dann erst die Aussage in der rechten Spalte und achten Sie auf den Unterschied in der Wirkung gegenüber der linken Aussage.

Auch wenn der Begriff „Psycho-Rhetorik" etwas banal klingen mag, verdeutlicht er doch ganz gut, um was es dabei geht. Die Art der Wortwahl hat einen Effekt auf die Psyche. Und je nachdem, was die Psyche denkt, werden Entscheidungen getroffen und Handlungen umgesetzt. Das trifft selbstredend auch auf Ihre Kunden zu, die sich nicht so leicht dazu aufraffen können, Sport zu treiben, ihre Ernährung umzustellen oder sich anderweitig ihren Überwindung fordernden Zielen kontraproduktiv in den Weg stellen. Die Psyche arbeitet meistens im Unterbewusstsein – und die Psycho-Rhetorik erreicht durch kluge Formulierungen das Unterbewusstsein sehr gut.

Ebenso wie Bilder, Metaphern, Vergleiche etc. das Unterbewusstsein wirksam erreichen, können Sie die Art der Sprache, wie Tab. 5.1 sie vorstellt, einsetzen. Die ganz alltäglichen Formulierungen in der linken Spalte haben Sie bestimmt schon mal so oder ähnlich gehört, und es wird Ihnen leicht fallen, sich einen Kontext dazu vorzustellen. Höchstwahrscheinlich haben Sie solche Redewendungen schon selbst – bewusst oder unbewusst – genutzt, ohne groß über deren Formulierung oder Wirkung nachzudenken. Bestimmt haben Sie dabei auch nicht an den Einsatz Ihrer körpersprachlichen Möglichkeiten oder auf die genaue Wirkung auf Ihr Gegenüber geachtet? Die alternative Formulierung in der rechten Spalte spricht die unterbewusst arbeitende Psyche besonders effektiv an. Dadurch erlebt der Hörer die Aussage anders, motivierender, direkter, klarer und zur Veränderung einladend, weil Sie immer eine bzw. mehrere erfolgreiche Optionen suggeriert. Worte wirken – warum also

5.6 Psycho-Rhetorik

Tab. 5.1 Psycho-Rhetorik

Allgemeine Wortwahl	Psycho-Rhetorik
Probier es doch einmal aus!	Du weißt, Du kannst es umsetzen!
Du musst die Aufgaben a und b erledigen!	Willst du zuerst a oder b erledigen?
Es ist doch gar nicht so schwer!	Du wunderst dich vielleicht, wie einfach es sein kann!
xyz muss vorher unbedingt erledigt werden!	Du kannst jetzt schon oder erst in einer Weile xyz erledigen
Hast du denn entsprechende Fähigkeiten, um es zu schaffen? Du hast sie doch!	Welche deiner Fähigkeiten kannst du am besten nutzen um es zu schaffen?
Hör auf zu gähnen, wenn ich mit dir rede!	Gähnen kann dazu führen, dass dein Unterbewusstsein meine Worte besonders sorgfältig abspeichert.
Merk dir, was ich gesagt habe!	Welche meiner Worte, kannst du dir am besten merken?
Kannst du mit meinem Feedback etwas anfangen? Nimm meine Kritik an!	Was möchtest du mit meinem Feedback konkret an dir und deinem Verhalten verändern?
Pass auf, dass du dir keine rote Karte einfängst!	Achte bitte darauf, fair zu spielen!
Lass bitte keinen Ball ins Tor gehen!	Mach jede Lücke zu!
Wirf nicht daneben!	Bitte ziele genau!
Das ist eine sehr schwierige Aufgabe.	Die Aufgabe ist nicht leicht
Nimm es nicht persönlich, aber das kannst du nicht gut	Nimm es nicht persönlich, aber ich denke, du kannst es noch besser *Noch geschickter:* Um es ganz sachlich zu sagen – ich denke, du kannst es noch besser
Sie müssen das so machen, das war immer schon so	Sie können das so machen – doch welche Optionen haben Sie übersehen?

(Fortsetzung)

Tab. 5.1 (Fortsetzung)

Allgemeine Wortwahl	Psycho-Rhetorik
Ich kann mich abends nicht zum Sport aufraffen, weil ich lange arbeiten muss.	Was hat eine lange Arbeitszeit eigentlich mit dem Sport zu tun?
Iss keine Schokoriegel.	Iss mehr Obst *Oder:* Wie kommt es dazu, dass du nicht noch mehr zum Obst greifst?

die Potenziale verschenken, die man für seinen Kunden nutzen kann?

Es gibt noch viele weitere Möglichkeiten für eine Umformulierung sowie auch für entsprechend dazugehörige Fragetechniken. Und ein Erlernen erfordert nicht nur stetige Übung, sondern vor allem Aufmerksamkeit für die eigene Wortwahl und deren Wirkung. Dafür ist die Effektivität nicht von der Hand zu weisen, und es lohnt sich daher, den Fokus immer mal wieder auf die eigene Rhetorik zu legen und diese authentisch zu optimieren. Letztendlich erleichtert das Ihre Arbeit sowie den Weg zum Erfolg Ihrer Kunden. Mit Tab. 5.1 möchte ich Sie daher anregen, das Thema der Kommunikation weiter und tiefgründiger in Ihr Soft-Skills-Portfolio zu implementieren. Übernehmen Sie vielleicht zuerst drei bis vier dieser Umformulierungen und achten auf deren Wirkung. Experimentieren Sie darüber hinaus mit eigenen Formulierungen, die bei Ihren Kunden ins Schwarze treffen.

Aufgabe

Sobald Sie, zum Beispiel bei einer Geburtstagfeier oder bei einer offiziellen Veranstaltung, den Satz „Tja, man wird immer älter" hören, kontern Sie bitte wörtlich wie folgt, indem Sie eine Negation einbauen: „Tja, man wird nicht jünger."

Beobachten Sie dann genau die nonverbale Reaktion Ihres Gegenübers. Das Hören der Wörter „älter" bzw. „jünger" steuert den Fokus auf entsprechende Assoziationen, die einen entsprechenden Zustand (sich jünger fühlen als älter) erzeugen. Wer das Wort „jünger" hört, fokussiert auf den Unterschied zwischen „älter" und „jünger" und zeigt dies nonverbal meist mit einem Lächeln.

Schlusswort

Am Ende dieses Buches möchte ich zunächst noch einmal die Kernaussagen zusammenfassend darstellen. Ihre wichtigsten fachlichen Take-aways sollten sein:

- *Dreiklang:* Nutzen Sie Bilder, Gedanken und Emotionen, um Veränderung und neues Verhalten zu generieren und langfristig zu verankern.
- *Doppelkern:* Neben dem Dreiklang und entsprechenden Interventionen entscheidet vor allem Ihre Kommunikation darüber, wie effektiv Sie Ihren Kunden auf der mentalen Ebene erreichen.
- *Veränderung:* Dies ist das Metaziel jeder Beratung.
- *Individualität und Psychologie:* Jeder Mensch nimmt seine eigene Realität wahr. Versuchen Sie, die Wahrnehmung von Menschen zu ändern (durch den Doppelkern: Dreiklang und Kommunikationstechniken), anstatt zu belehren. So wird der Weg zum Erfolg für Sie und für den Kunden leichter und effektiver.

Ich hoffe, Sie ein klein wenig für die Welt des mentalen Coachings, der Kommunikation sowie für psychologische Hintergründe begeistert zu haben. Wenn dem so ist, dann möchte ich Sie abschließend ermuntern, das nun erworbene Wissen auszuprobieren und Ihre eigene Authentizität hierfür zu entwickeln. Sie werden damit selber gute Ergebnisse erzielen und

© Springer-Verlag GmbH Deutschland, ein Teil von Springer Nature 2020
M. Sutoris, *Mentale Coaching-Tools für das Personaltraining*,
https://doi.org/10.1007/978-3-662-61678-9

Ihre Kunden ein gutes Stück weiterbringen. Einfach machen – worauf warten?

Wenn Sie nach der Lektüre des Buches Fragen oder Anregungen haben oder einfach in einen fachlichen Austausch mit mir treten möchten, dann nehmen Sie gern Kontakt über Facebook oder meine Website auf: https://www.coaching-smart.de/.

Literatur

Zimbardo PG, Gerrig RJ (1996) Psychologie. Springer, Berlin
Siegers F (1992) Professionalisierung von supervision. In: Pühl H (Hrsg.) Handbuch der Supervision. Beratung und Reflexion in Ausbildung, Beruf und Organisation. Edition Marhold, Berlin
Shazer S de, Dolan Y (2008) Mehr als ein Wunde. Carl-Auer, Heidelberg
Sparrer I (2006) Wunder, Lösung und system. Carl-Auer, Heidelberg
Nußbeck S (2019) Einführung in die Beratungspsychologie. UTB, Stuttgart
Branson, R. (2012) Geht nicht, gibt's nicht. Plassen books4success, Kulmbach
Bucay J (2008) Komm, ich erzähl dir eine Geschichte. Fischer, Frankfurt/Main
Kuhn P (2019) Drache und Tiger. Kristkeitz, Heidelberg
Watzlawick P (1983) Anleitung zum Unglücklich sein. Piper, München

Weiterführende Literatur

Mayer J, Hermann H-D (2019) Mentales Training. Springer, Heidelberg
Prior M (2019) MiniMax Interventionen. Carl-Auer, Heidelberg
Charvet SR (1998) Wort sei Dank. Junfermann, Paderborn
Draksal M, Bender C (2010) Das Lexikon der Mentaltechniken. Draksal Fachverlag, Leipzig

springer.com

Willkommen zu den Springer Alerts

Unser Neuerscheinungs-Service für Sie:
aktuell | kostenlos | passgenau | flexibel

Mit dem Springer Alert-Service informieren wir Sie individuell und kostenlos über aktuelle Entwicklungen in Ihren Fachgebieten.

Jetzt anmelden!

Abonnieren Sie unseren Service und erhalten Sie per E-Mail frühzeitig Meldungen zu neuen Zeitschrifteninhalten, bevorstehenden Buchveröffentlichungen und speziellen Angeboten.

Sie können Ihr Springer Alerts-Profil individuell an Ihre Bedürfnisse anpassen. Wählen Sie aus über 500 Fachgebieten Ihre Interessensgebiete aus.

Bleiben Sie informiert mit den Springer Alerts.

Mehr Infos unter: springer.com/alert

Part of **SPRINGER NATURE**

The manufacturer's authorised representative in the EU is Springer
Nature Customer Service Centre GmbH, Europaplatz 3, 69115 Heidelberg,
Germany. If you have any concerns regarding our products, please
contact ProductSafety@springernature.com

Printed and bound by CPI Group (UK) Ltd, Croydon, CR0 4YY
23/03/2026
02076464-0002